KB240390

그리스도의 사랑을 나누는

발 사랑 전도의 기적

그리스도의 사랑을 나누는

발 사랑 전도의 기적

지 은 이 | 전대박
펴 낸 이 | 김원중

편   집 | 심현정, 김현정
디 자 인 | 옥미향
마 케 팅 | 이상용
제   작 | 허석기
관   리 | 김선경

초판인쇄 | 2010년 9월 2일
초판발행 | 2010년 9월 8일

출판등록 | 제313-2007-000172호(2007.08.29)

펴 낸 곳 | (주)상상나무
　　　　　도서출판 상상예찬
주   소 | 서울시 마포구 상수동 324-11
전   화 | (02)325-5191
팩   스 | (02)325-5008
홈페이지 | http://smbooks.com

ISBN   978-89-93484-22-9 (03230)

값 13,000원

발 사랑 전도의 기적

전대박 지음

상상나무

“영혼 없는 몸이 죽은 것 같이 행함이 없는 믿음도 죽은 것이다.”

(약2:26)

전도는 말만으로 되는 것이 아닙니다. 그리스도인의 착한 행실과 삶으로 사람들에게 감동을 주고 "하나님이 정말 살아계시는구나."하는 깨달음을 줄 수 있어야 합니다. 발마사지는 바로 이 점에서 참으로 감동적입니다. 아픈 사람들, 힘들고 지친 사람들, 연로하신 분들의 발을 마사지하는 일은 제자들의 발을 씻기신 예수님을 떠올리게 함으로써 가장 확실하게 예수님의 사랑을 전합니다.

그동안 〈나눔과 기쁨〉은 "예수님을 따르자!"라는 구호 아래 반찬 도시락을 나누면서 차상위계층을 돕는 데 힘써왔습니다. 그런데 얼마 전 전대박 전도사와 이야기를 나누고 나서 제가 시무하는 서울조선족교회 교인들과 함께 모두 발마사지를 배우기로 했습니다. 이왕이면 봉사단장을 맡아달라는 전대박 전도사의 권유에 〈나눔과 기쁨〉 발사랑봉사단장을 자청하기도 했습니다.

〈나눔과 기쁨〉에 속한 수십 명의 목사님들과 수백 명의 교인들이 지역 주민들에게 발마사지를 해주는 광경을 상상하는 것만으로도 벅찬 감동이 밀려옵니다. 진정 예수님을 따르는 삶을 살고자 한다면 우리 모두 발마사지를 배워 발사랑 봉사에 참여합시다.

〈나눔과 기쁨〉 상임대표 겸 발사랑봉사단장 서경석 목사

주님께서는 세리와 죄인의 친구라 불릴 정도로 소외된 자들, 병자들, 외로운 자들, 문제와 고통을 갖고 있는 자들의 친구가 되어 그들에게 복음을 증거하였습니다. 그런데 오늘날의 우리는 어떻습니까? 교회생활과 신앙생활을 하다 보면 거의 대부분 교인들에 둘러싸여 지내게 되고, 그런 환경에 익숙해지다 보면 전도 대상자를 찾지 못한 채 전도 한 번 변변히 못할 수도 있습니다.

이제 주변에 있는 불신자들, 혹은 교회생활이나 신앙생활 이탈자들을 찾아 나서십시오. 그들과 대화하고, 그들의 친구가 되어 주고, 발사랑 관계전도법으로 사랑을 전하십시오. 발사랑 관계전도는 교회를 떠난 그리스도인들을 다시 불러들여 성숙한 신앙인으로 훈련시킬 강력한 도구가 될 것입니다.

(사)나눔플러스 강지원 변호사

건강은 현대인의 가장 큰 관심사로, 건강을 지키는 각종 식이요법과 운동에 관한 정보들이 도처에 넘쳐나고 있습니다. 그런데 영혼의 건강은 어떠합니까? 육체의 운동으로 건강을 유지하듯이 그리스도인은 영혼의 운동인 '전도'로 건강한 신앙생활을 유지해야 합니다. 예수님의 마음을 품고 한 영혼이라도 더 구원하고자 전도에 매진해야 합니다.

발사랑 관계전도법은 영적인 건강은 물론 육체의 건강과 치유에 주목한 전도법으로, 인류를 위해 피 흘려 돌아가신 예수님의 사랑을 만분의 일이라도 느끼게 해주는 가장 좋은 치료약이 되어 상처받은 육체와 영혼을 구원할 것입니다. 발사랑 관계전도법이 수천수만의 사람들을 변화시키고, 참 그리스도인으로 만들 것을 확신합니다.

연세대학교 황수관 박사

지난 몇십 년간 교회사를 고찰해 볼 때 교회의 부흥은 말씀과 기도에 달려 있었습니다. 21세기를 맞아 미디어와 디지털이 주류를 이루고 있는 현실에서 현대 교회가 과거의 방법에만 의존해서 부흥이 될까 하는 우려가 있었는데, 발사랑 관계전도법을 발견하고 희망을 가졌습니다. 예수님의 마지막 유언인 '사랑'을 실천하는 발사랑 관계전도법은 부흥을 갈망하는 많은 교회와 기독교 사랑운동에 동참한 목회자들에게 큰 기쁨을 줄 것입니다. 또한 군중 속에서도 소외감을 느끼는 외로운 현대인들에게 하나님의 깊은 사랑을 전하고, 그들이 나눈 사랑이 하나님 나라 확장 사업의 초석이 될 것입니다.

인천 순복음교회 **최성규** 목사

한국 교회가 가지고 있는 문제점 중에 하나는, 성장이 둔화되면서 수평이동에 의한 성장만이 주류를 이루고 있다는 사실입니다. 또한 교회의 노령화로 인해 많은 교회들이 생동감을 잃어버리고, 목회자들이 개척하기를 주저한다는 것도 문제로 지적됩니다.

발사랑 관계전도법은 고인 물처럼 정체된 기존 교회를 생동감 있게 변화시켜 성장하게 만들 것입니다. 특별히 개척을 하고자 하는 모든 사역자들에게 발사랑 관계전도법을 적극 추천합니다.

(사)글로벌비전뱅크 **윤상운** 선교사

사랑을 실천하는 가장 가까운 길

어느 날 문득 이런 생각이 들었습니다. '누군가 내 건강을 위해 피곤한 내 발을 만져 준다면 얼마나 좋을까? 내 어깨의 아픔을 풀어주기 위해 뭉친 어깨를 주물러 준다면 얼마나 좋을까?' 바로 그때 이 성경 구절이 눈에 들어왔습니다. "그러므로 무엇이든지 남에게 대접을 받고자 하는 대로 너희도 남을 대접하라. 이것이 율법이요 선지자니라."마7:12

저는 이 말씀에서 답을 찾았습니다. '그래, 내가 먼저 그들의 건강을 위해 발을 잡자. 내가 먼저 그들의 뭉친 어깨를 위해 안마를 해주자. 대충 발을 잡기보다는 이왕이면 전문가가 되어 나에게 발을, 혹은 어깨를 잡히는 사람들에게 복음과 건강을 선물하자. 제자들의 발을 씻긴 예수님처럼 낮은 곳에서 사랑과 섬김을 실천하자.'

이렇게 시작한 발사랑 봉사는 미국을 비롯해 11개 나라에서, 총신대학교를 포함해 8개 신학대학교에서, 주안장로교회를 비롯해 200여 개 교회에서, 최성규 목사님과 그 외 1,000여 명의 목사님들이 검증한 전도법입니다. 저는 지난 8년간 17,000명의 발사랑 봉사단을 만들어 매년 10만 명 이상의 어르신들과 몸이 불편한 이웃들에게 예수님의 사랑을 실천해 왔습니다. 저 개인적으로는 발마사지 봉사와 현장 실습을 통해 350명을 하나님 앞으로 인도했고, 발사랑 봉사단을 통해서는 2만 명 이상의 불신자를 전도하였습니다. 600일 동안의 철야기도를 통해 3개월 이상 배워야 습득할 수 있는 발마사지 기술을 하루 만에 배울 수 있도록 획기적인 교습법을 개발하였습니다. 발마사지 봉사야말로 예수님의 사랑을 실천하는 가장 효과적인 전도법이자 교회를 부흥시킬 강력한 무기라고 생각하며 무료 강의와 세미나, 간증 집회를 열어 발사랑 관계전도법을 널리 알리고자 했습니다.

그러던 어느 날, 발혈치유협회 염명자 강사님이 이렇게 말씀하시는 것을 듣고 적지 않은 충격을 받았습니다.

"전도사님! 어떤 교회에 우리 발사랑 봉사단 얘기를 했더니 이단이라고 하네요."

남들과 다른 방법으로 전도한다고 이단으로 치부하다니. 옛것만 고수하는 낡은 패러다임이 이제는 바뀌어야 한다고 생각했습니다. 발사랑 봉사에 대한 그릇된 인식을 바로잡아 제대로 알려주고 싶었습니다. 그래서 이 책을 쓰기로 결심했습니다.

문명은 날로 변하고 발전하는데, 전도하는 방법만 옛날 것을 고수할 필요가 있을까요? 물론 옛날 것이 다 나쁘다는 것은 아닙니다. 다

만 시대가 변하는 만큼 방법도 달라져야 한다는 것입니다. 배고픈 시대에는 무료급식이나 차를 나누는 전도법이 교회를 부흥시켰습니다. 무정보 시대에는 정보를 전해주는 전도지나 주보 전도가 통했고, 한때는 아파트 전도가 성행하기도 했습니다. 자동차들이 전도의 도구가 되고, 컴퓨터와 이메일과 스마트폰을 통해 공중에 수많은 정보들이 날아다니는 이 시대에는 좀 더 새로운 전도법이 필요하지 않을까요?

사우디아라비아에서 10년 동안 목회를 한 선교사님 두 분이 얼마 전 발사랑 봉사단 특강에 참여하셨습니다. 사우디에서 10년을 사역하면서 한 영혼도 전도하지 못해 선교를 포기하고 한국으로 돌아가려던 차에 CGN-TV 〈빛과 소금〉에 제가 출연한 방송을 봤다고 하셨습니다. 그분들 말씀에 따르면 사우디라는 나라는 원유가 워낙 풍족하다 보니 아쉬울 것이 없다고 합니다. 나라에서 집도 주고, 직장도 주고, 복지며 시설이며 부족함이 없는 나라다 보니 선교사가 현지인들에게 딱히 대접할 것이 없더라는 것입니다. 대접하지 못하다 보니 관계를 맺을 방법이 없고, 관계가 없다 보니 전도는 생각도 할 수 없었다고 합니다.

유럽 교회와 미국 교회도 선진국이 되어가면서 기독교가 점차 쇠퇴했다고 하는데 그 이유가 무엇일까요? 변화에 적응하면서 더 효과적이고 새로운 전도법을 모색하기보다는 안이하게 옛 방식을 고수하다 쇠락한 것이 아닐까요?

선진국 진입을 목전에 둔 우리 한국 교회도 이제는 새로운 돌파구를 찾아야 합니다. 가뜩이나 전도하기 어려운 이때, 21세기 한국 교회를 부흥시킬 강력한 전도법 중의 하나가 발사랑 관계전도라 생각합니다. 발사랑 관계전도는 신앙의 체험과 희생적 헌신의 조화를 가능케 하며 기독교의 기본 진리인 '사랑'을 실천하는 가장 가까운 길입니다.

전도가 안 돼 고민하고 기도하는 교회에 이 책이 조금이라도 도움이 되기를 바랍니다. 모세에게는 지팡이라는 도구로, 다윗에게는 물맷돌이라는 도구로 하나님께서 역사하신 것처럼 발혈치유사들에게 쓰이는 작은 봉이 기적의 도구가 되어 온 유대와 사마리아와 땅끝까지 복음이 증거되기를 간절히 소망합니다.

나와 우리 협회 발사랑 봉사단원들의 한결같은 소망은 전체 크리스천 중의 1%인 10만 명이 뜻을 같이하는 이 발사랑이 이웃들에게 널리 실천되어 연간 200만 명에게 예수님의 깊은 사랑을 전하는 것입니다.

2010년 8월 사랑의 뜰안에서 전대박

"저희가 믿지 아니하는 이를 어찌 부르리요, 듣지도 못한 이를 어찌
믿으리요, 전파하는 자가 없이 어찌 들으리요, 보내심을 받지 아니하
였으면 어찌 전파하리요. 기록된 바 아름답도다 좋은 소식을 전하는
자들의 발이여 함과 같으니라."(롬10:14-15)

Contents

발사랑 관계전도 입문편

제자들의 발을 씻긴 예수님처럼

"이에 대야에 물을 떠서 제자들의 발을 씻으시고
그 두르신 수건으로 닦기를 시작하여 시몬 베드로에게 이르시니
베드로가 이르되 주여 주께서 내 발을 씻으시나이까
예수께서 대답하여 이르시되 내가 하는 것을 네가 지금은 알지 못하나
이 후에는 알리라."(요13:5-7)

전도에서 가장 중요한 것

갈수록 인정이 메마르고 삭막한 세상이라고 하지만, 그래도 주변을 둘러보면 남을 위해 좋은 일을 하시는 분들이 꽤 많이 있다. 고생고생해서 평생 힘들게 모은 재산을 학교나 복지단체에 헌납하는 분들도 있고, 장애를 입고 힘겹게 살아가는 분들과 함께 생활하며 일생을 바치는 분들도 있다. 그런가 하면 암 같은 무서운 질병을 만나 생에 대한 희망을 잃고 고통 가운데 죽어가는 사람들을 돌보며 호스피스 봉사를 하는 분들도 있다. 혹은 위험에 처한 사람을 구하기 위해 자기 목숨까지 거는 사람들도 있다.

이 모두 말할 수 없이 감동적이고 아름다운 선행임에 틀림없으나

이보다 더 가치 있고 아름다운 일이 하나 있다. 그것은 바로 복음을 전하는 일이다. 백 년도 못 되는 잠깐의 시간을 살다 죽어버리는 육신의 생명을 살려주는 것도 감사할 일이지만 영원히 죗값으로 고통받을 지옥에서 영혼을 구원해 영생복락을 누리게 한다면 이보다 더 아름답고 위대한 일이 또 어디 있겠는가? 그래서 성경은 한 사람의 영혼이 온 천하보다 귀하다고 했다. 영혼의 안내자로서 복음을 전파하는 것은 모든 그리스도인을 향한 예수님의 지상 명령이자 사명이다.

"누구든지 주의 이름을 부르는 자는 구원을 얻으리라 그런즉 저희가 믿지 아니하는 이를 어찌 부르리요, 듣지도 못한 이를 어찌 믿으리요, 전파하는 자가 없이 어찌 들으리요, 보내심을 받지 아니하였으면 어찌 전파하리요. 기록된 바 아름답도다 좋은 소식을 전하는 자들의 발이여 함과 같으니라."(롬10:13-15)

"너는 사망으로 끌려가는 자를 건져주며 살육을 당하게 된 자를 구원하지 아니치 말라."(잠24:11)

예수님께서는 "온 천하에 다니며 만민에게 복음을 전파하라."마가16:15고 제자들에게 말씀하셨다. 사도 바울은 자신이 "하나님의 복음을 위하여 택정함을 입은 자"롬1:1라고 했고, 하나님께 이렇게 기도하였다. "내게 말씀을 주사 나로 입을 벌려 복음의 비밀을 담대히 알게 하옵소서." 그러면서 바울은 디모데서에서 권면하기를 "하나님 앞과 산 자와 죽은 자를 심판하실 그리스도 예수 앞에서 엄히 명하노니 너는 말씀을 전파하라. 때를 얻든지 얻지 못하든지 그리스도 예수 앞에서 엄히 명하노니 너는 말씀을 전파하라.”^{딤후4:1-2}고 하였다.

불은 붙어 있을 때 불이듯이, 교회는 전도할 때 비로소 교회다. 전도하지 않는 교회는 죽은 교회나 다름없다. 전도는 교회의 사업이나 행사가 아니라 교회의 본질이다. 신자 역시 전도할 수 있을 때 비로소 신자가 된다. 전도는 교회를 부흥시킬 뿐만 아니라 성도 개개인의 영적인 부흥도 가져온다.

교회의 부흥이 전도에 달려 있기에, 목회자와 성도들은 다양한 방법으로 전도에 힘쓰기 마련이다. ‘고구마 전도’ 나 ‘진돗개 전도’ 같은 특별한 전도법을 만들어 내는가 하면, 불신자들이 마음을 열고 하나님을 만날 수 있도록 다양한 방법으로 접근한다. 주보나 전도지를 돌리는 것은 기본이요, 대규모 집회나 공연을 열기도 하고 고구마, 부침개, 붕어빵, 커피 등의 먹을거리를 나누기도 하고, 아이들을 위해 페이스 페인팅 같은 이벤트를 시도하기도 한다.

그런데 이렇게 전도에 힘쓰다 보면 주객이 바뀌어 전도의 방법과 형식, 혹은 숫자와 결과만이 중시되고 정작 중요한 본질은 소홀해질 수도 있다. 그렇다면 전도에서 가장 중요한 것이 무엇일까? 그 답은 예수님이 십자가에 못 박혀 돌아가시기 전날, 제자들에게 남긴 3가지 가르침에서 찾을 수 있다.

제자들의 발을 씻긴 예수님처럼

예수님의 3가지 유언

우리는 예수님이 이 땅에 오셔서 공생애 기간 동안 하신 많은 기적 같은 일들을 알고 있다. 요한복음서만 찾아봐도 가나안 혼인잔치에서 물을 포도주로 만드신 기적을[2장] 필두로 왕의 신하의 아들을 고치시고[4장], 베데스다 못가에서 병자를 고치시고[5장], 오병이어의 기적을 보이고 물 위를 걸으시며[6장], 날 때부터 맹인이었던 사람을 고치시고[9장], 죽은 지 나흘 된 나사로를 살리셨다.[11장]

이렇게 많은 기적을 제자들이 보는 앞에서 행하셨던 예수님은 당신이 이 세상을 떠난 후 제자들이 어떻게 행동할지 이미 알고 계셨다. 믿음이 가장 굳건하다고 생각했던 베드로의 행동과 그 외 나머지 제자들의 생각과 행동까지도 모두 알고 계셨다. "유월절 전에 예수께서 자기가 세상을 떠나 아버지께로 돌아가실 때가 이른 줄 아시고 세상에 있는 자기 사람을 사랑하시되 끝까지 사랑하시니라."요 13:1 내일이면 십자가에 달릴 것을 아신 예수님은 마지막으로 아주 중요한 3가지 가르침을 제자들에게 몸소 행하고 보여줌으로써 가르치셨다. 그리고 말씀하셨다. "너희도 이같이 행하라."

예수님의 유언과도 같은 3가지 가르침은 무엇이었을까? 그중에 첫 번째는 '사랑'이다.

"저희 발을 씻기신 후에 옷을 입으시고 다시 앉아 저희에게 이르시되 내가 너희에게 행한 것을 너희가 아느냐 너희가 너를 선생이라 또는 주라 하니 너희 말이 옳도다 내가 그러하다. 내가 주와 또는 선생이 되어 너희 발을 씻겼으니 너희도 서로 발을 씻기는 것이 옳으니라. 내가 너희에게 행한 것같이 너희도 행하게 하려 하여 본을 보였노라. 내가 진실로 진실로 너희에게 이르노니 종이 상전보다 크지 못하고 보냄을 받은 자가 보낸 자보다 크지 못하니 너희가 이것을 알고 행하면 복이 있으리라."(요13:12-17)

당시 유대지방에서는 다른 사람의 집 안으로 들어갈 때 신발을 벗었다. 맘씨 좋은 주인이라면 손님이 먼지 묻은 더러운 발을 씻을 수 있게 물을 가져다 주었다. 손님의 발을 씻어주는 일은 보통 그 집에서 가장 비천한 하인이 했는데, 예수님은 친히 수건을 허리에 두르시고

제자들의 발을 씻긴 예수님처럼

예수님은 친히 수건을 허리에 두르시고 열두 제자의 발을 씻어줌으로써 낮아짐과 겸손의 본을 보여주셨다.

열두 제자의 발을 씻어줌으로써 낮아짐과 겸손의 본을 보여주셨다. 제자들의 발을 모두 씻긴 후 예수님은 이렇게 말씀하셨다. "새 계명을 너희에게 주노니 서로 사랑하라. 내가 너희를 사랑한 것 같이 너희도 서로 사랑하라."_{요13:34}

예수님의 3가지 유언 중 두 번째는 '믿음'이다. 이는 제자들과의 마지막 성만찬 중에 떡과 포도주잔을 나눈 대목에서 찾아볼 수 있다.

"받아먹으라. 이것이 내 몸이니라 하시고 또 잔을 가지사 사례하시고 저희에게 주시며 가라사대 너희는 다 이것을 마시라. 이것은 죄 사함을 얻게 하려고 많은 사람을 위하여 흘리는 바 나의 피, 곧 언약의 피니라."(마26:26-28)

"이것은 나의 몸과 내 피니 이것을 행하여 먹고 마실 때마다 나를 기념하라." (고전 11:23-25)

평범한 떡과 포도주가 어떻게 예수님의 몸이 되고 피가 될 수 있을까? 실제로 떡과 포도주가 예수님은 아니지만, 예수님이라는 믿음으로 생각하고 당신이 떠난 뒤에도 이 세상에 제자들과 항상 함께하심을 알게 하기 위해 매일 섭취하는 주식인 떡과 포도주를 먹고 마실 때마다 이같이 행하고 기념하라는 것으로, 예수님께서는 이를 통해 '믿음'을 가르치고자 하셨다.

그렇다면 마지막 세 번째 가르침은 무엇일까? 그것은 기도하는 방법과 '소망'의 대상이다. 예수님은 십자가에 달리기 전날, 겟세마네 동산에서 땀이 땅에 떨어지는 핏방울같이 간절히 기도하시면서 "시험에 들지 않게 깨어 기도하라."^{마 26:41}고 하셨다.

우리는 중언부언의 기도를 드릴 때가 많다. 기도는 땀방울이 핏방

예수님께서는 제자들과의 마지막 성만찬 중에 떡과 포도주를 나누며 믿음을 강조하셨다.

제자들의 발을 씻긴 예수님처럼

예수님은 겟세마네 동산에서 땀방울이 핏
방울이 될 정도로 간절히 기도하셨다.

울 될 정도로 최선을 다해야 하며, '소망'을 두고 하나님께 깨어 기도
하라는 것이다. 땅의 것으로는 우리의 기도를 들어줄 것이 없고 땅의
것들은 우리의 소망이 될 수 없으며, 영원한 생명의 주권자이신 하나
님만이 참 '소망'이라는 것을 가르쳐 주셨다.

믿음, 소망, 사랑이라는 3가지 가르침을 예수님이 돌아가시기 바
로 전날에 행하셨다는 것, 그리고 유언으로 남기셨다는 것에 큰 의미
가 있다. 그런데 그 3가지 중에서도 가장 중요한 가르침이 무엇일까?
그것은 바로 '사랑'으로, 사도 바울은 이렇게 말하고 있다.

"내가 사람의 방언과 천사의 말을 할지라도 사랑이 없으면 소리 나는 구리와
울리는 꽹과리가 되고, 내가 예언하는 능이 있어 모든 비밀과 모든 지식을 알고
또 산을 옮길 만한 모든 믿음이 있을지라도 사랑이 없으면 내가 아무것도 아니요,
내가 내게 있는 모든 것으로 구제하고 또 내 몸을 불사르게 내어줄지라도 사랑이

없으면 내게 아무 유익이 없느니라… 사랑은 언제까지든지 떨어지지 아니하나 예
언도 폐하고 방언도 그치고 지식도 폐하리라."(고전 13:1-8)

"믿음, 소망, 사랑, 이 세 가지는 항상 있을 것인데 그 중에 제일은 사랑이라."
(고전 13:13)

사도 바울만이 사랑을 강조한 것이 아니다. 베드로도 믿음과 소망
과 사랑 중에 사랑을 가장 으뜸가는 계명으로 강조하고 있다.

"너희 믿음과 소망이 하나님께 있게 하셨느니라. 너희가 진리를 순종함으로
너희 영혼을 깨끗하게 하여 거짓이 없이 형제를 사랑하기에 이르렀으니 마음으로
뜨겁게 피차 사랑하라."(벧전1:21-22)

또한 요한도 이렇게 말하였다.

"누구든지 하나님을 사랑하노라 하고 그 형제를 미워하면 이는 거짓말하는 자
니, 보는 바 그 형제를 사랑치 아니하는 자가 보지 못하는 바 하나님을 사랑할 수
가 없느니라. 우리가 이 계명을 주께 받았나니 하나님을 사랑하는 자는 또한 그
형제를 사랑할지니라."(요4:20-21)

그동안 기독교는 매년 '믿음'으로 성만찬을 행하여 주님을 기념하
였고 새벽기도, 철야기도, 작정기도, 천일기도로 시험에 들지 않게 하

제자들의 발을 씻긴 예수님처럼

늘에 ‘소망’을 두고 깨어 기도하였다. 이제 구원받을 때요 마지막 추수할 때인 지금, 예수님이 가르치신 ‘사랑’을 몸소 행하는 것이 하나님의 참된 제자로서 할 일이다.

세족식을 벤치마킹하다

2003년 4월 인천 가정동의 성광교회에서 봉사하고 있을 때였다. 담임 목사인 이준원 목사님께서 어느 날 부르시더니 지역 어른신들 섬기는 일을 배워보라고 하셨다. 무슨 일을 배워야 하냐고 여쭈었더니 발마사지를 배우라고 하셨다. 당시만 해도 발마사지가 지금처럼 보편화되지 않아 생소한데다, '왜 하필 냄새나는 발이야?' 하는 생각에 선뜻 하겠다는 대답이 나오질 않았다.

집에 돌아와 이런 저런 생각을 하다 문득 내 발을 내려다보았다. 하루 종일 갑갑한 신발에 갇혀 바쁘게 이리저리 돌아다니는 발. 온몸의 무게를 견디며 혹사당하지만 냄새난다고, 굳은살이 박혔다고, 혹

제자들의 발을 씻긴 예수님처럼

은 무좀이 있다고 홀대받기 일쑤다. 주인인 나조차도 내 발을 제대로 들여다본 적이 없고, 정성껏 만져준 적은 더더욱 없다. 얼굴과 손은 공들여 가꾸지만 발은 그저 깨끗이 씻는 정도로 그칠 뿐, 관심 밖이다. 이렇게 주인에게조차 무시당하는 발을 누군가 사랑의 손길로 정성껏 어루만져 준다면 그 마음이 어떨까? 나라면 고맙고 황송해서 몸 둘 바를 모를 텐데 다른 사람들도 그러하리라.

그런 생각이 들자 발을 만지는 데 대한 거부감이 사라졌다. 그리고 그 순간 목사님의 말씀은 하나님을 대변한다는 부천 복된교회 남기탁 목사님의 말씀이 떠올랐다. 발마사지를 배워 지역 어르신들을 섬기고 봉사하라는 것이 하나님의 뜻이라면 순종해야 하지 않을까? 예수님께서는 십자가에 달리기 바로 전날, 제자들의 발을 손수 씻기며 '사랑'을 행하셨고, 제자들에게 "너희도 이같이 행하라."고 말씀하셨다. 예수님의 사랑을 증거하기 위해 예수님이 몸소 가르치신 방법 그대로 다른 사람들의 발을 씻어주면서 복음을 전하면 어떨까 하는 생각이 들었다. 이것이야말로 가장 성경에 충실한 전도법이 아닌가. 복음을 전하는 백 마디 말보다 냄새나는 발을 만져주는 한 번의 손길이 더 나으리라.

그런데 세족식을 모방해 그저 발을 씻어주는 것만으론 부족하다는 생각이 들었다. 그 무렵 발 건강에 대한 관심이 고조되면서 발마사지 업소가 하나 둘씩 생겨나기 시작했는데, 이왕 할 거면 목사님 말씀대로 제대로 배워서 하자는 생각이 들었다.

발마사지를 배우기 위해 학원을 찾아가 알아보았다. 3개월 정도 배워야 했고 자격증과 재료비까지 합해 약 60만원 정도의 돈이 필요했다. 그 당시 경제적으로 어려웠던 상황이라 상당히 부담스런 금액이었다. 학원에 다니지 않으면 배울 방법이 없어 어떻게 해야 하나 고민하고 있는데, 어느 날 주일예배 후 목사님께서 이렇게 말씀하셨다.

"전대박 전도사가 어른들을 섬기기 위해 발마사지를 배우려고 하는데 학원비가 없답니다. 헌금해 주시면 발마사지를 배워 어른들 섬기는 데 쓰겠습니다."

목사님 말씀에 성도들의 헌금이 줄을 이었고 덕분에 발마사지 교육을 받을 수 있었다.

자격증을 따려면 여러 차례 실습을 해야 해서 가족이나 지인의 발을 빌려야만 했다. 실습을 위해 가장 가까운 사람인 아내와 두 아이의 발을 처음으로 잡은 순간, 왠지 모르게 울컥 눈물이 쏟아질 것 같았고 뭔가 한없이 가까워진 듯한 느낌이었다. 그 느낌이 아내와 아이들에게도 고스란히 전해지는 걸 보면서 발마사지를 통해 하나님의 사랑과 복음을 전하는 일에 확신이 생겼다.

처음에는 발마사지가 그저 스트레스나 해소하고 피로를 풀어주는 정도로만 알았는데 지난 8년간 사람들의 발을 만져주며 참으로 놀라운 경험을 했다. 굳게 닫힌 마음 문을 열고 하나님의 말씀을 전하는 것은 물론, 25년 동안 퇴행성관절염을 앓던 사람이 치유되고, 당뇨병으로 눈이 멀었던 분이 시력을 되찾고, 15년 된 고질적인 피부병이 감

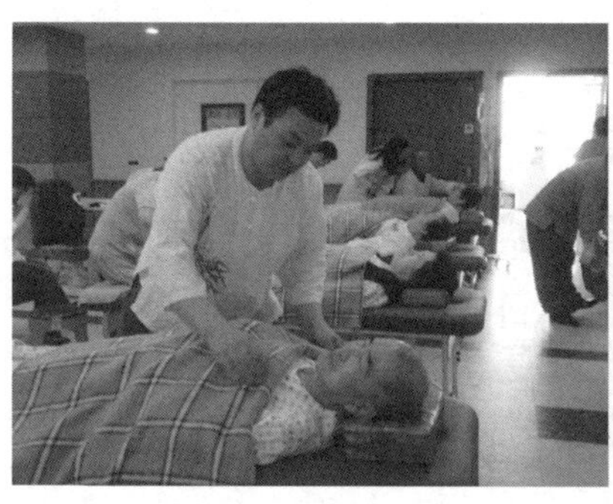
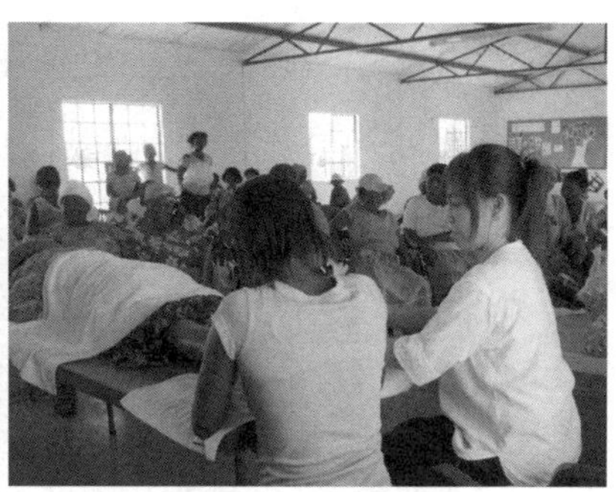

지역 주민을 섬기며 복음을 전하는 데 발마사지 전도만큼 하나님의 뜻에 부합되고 확실한 전도 방법이 또 있을까 싶다.

남아프리카공화국에서의 선교활동을 위해 발사랑 봉사단을 만들어 교육했다.

쪽같이 낫고, 5년 동안 몸져누워 있던 분이 일어나 쑥을 캐러 나가고, 키 때문에 고민하던 아이의 키가 커지고, 공부를 잘 못하던 학생의 기억력과 집중력이 높아져 성적이 쑥쑥 올라가는 놀라운 일들이 일어났다.

어디 그뿐인가. 여든의 노모가 예순의 딸을 전도하기 위해 발마사지를 배운 경우도 있었고, 어린 초등학생이 하나님 사랑을 전하고 싶다며 자격증을 취득한 경우도 있었다. 발마사지 자격증을 취득하려면 40시간 동안 40명을 실습해야 한다. 그래서 대개 가족이나 지인을 실습 대상으로 삼는데, 그렇게 섬기는 모습에 감동해 결신決信하는 사례가 적지 않다. 지역 주민을 섬기며 복음을 전하는 데 발마사지 전도만큼 하나님의 뜻에 부합되고 확실한 전도 방법이 또 있을까 싶다.

인천에서 시작된 복음과 사랑의 불씨가 한국을 넘어 전 세계에 널리 퍼지기를 기대하며 유럽 8개 나라와 남아프리카공화국, 미국, 멕시코에 발사랑 봉사단을 만들어 교육했다. 올해에만도 2~3차례 해외선교를 준비 중이다. 주님이 계획하시는 일이 무엇인지 모르지만, 이 사역이 전 세계 크리스천들의 전도 도구로 쓰이는 날이 올 것을 확신한다. 왜냐하면 주님이 함께하시는 '사랑'의 사역이기 때문이다.

제자들의 발을 씻긴 예수님처럼

그리스도의 사랑을 행하는
발사랑 관계전도

먹고살기가 힘들고 영혼이 갈급했던 지난날에는 "예수 천당, 불신 지옥"이라고 외치기만 해도 불신자를 낙엽 줍듯이 주님 앞으로 인도하곤 했다. 그러나 오늘날의 불신자들은 물질의 부유로 인해 신앙에 대한 절실함이 덜하다. 또한 다른 사람에게 본이 되지 못하는 소수 교인들의 잘못된 행동 때문에 교회에 대한 거부감과 편견을 갖고 있다. 그래서 과거보다 전도하기가 훨씬 힘든 것이 사실이다.

관계전도 혹은 생활전도는 불특정 다수를 무작위로 전도하기보다는 가족이나 친척, 친구, 일상생활 속에서 자주 만나는 사람부터 전도하거나 일정한 전도 대상자를 두고 조직적이고 체계적으로 접근한다.

전도대상자에게 생활 속에서 '그리스도의 사랑'을 베풀고, '그리스도인의 인격'으로 친교를 나누며 그리스도 앞으로 함께 나아가는 것이다.

물론 전도란 성령의 역사하심에 따라 하나님의 은혜로 구원받는 것으로, 성령의 역사가 없이는 열매 맺을 수 없다. 그러나 전도 대상자의 마음의 문을 열기 위해서는 전도인의 선행이 필요하다. 구원은 행위로 얻는 것이 아니라 입으로 시인하여 믿음으로 얻는 것이나, 전도는 입으로 설득하는 것보다 주님의 가르침을 행동으로 옮겨 선행을 베풀 때 훨씬 효과적이기 때문이다. 크리스천의 착한 행실은 궁극적으로 불신자의 시선과 관심을 하나님께로 돌리게 한다. 그러므로 전도인은 말을 잘해서 '말꾼'이라는 평을 듣는 것보다 선한 일에 열심히 봉사해 '일꾼'이라는 평을 들어야 한다.

"너희가 이방인 중에서 행실을 선하게 가져 너희를 악행한다고 비방하는 자들로 하여금 너희 선한 일을 보고 권고하시는 날에 하나님께 영광을 돌리게 하려 함이라."(벧전2:12)

"선한 일을 행하고 선한 사업에 부하고 나눠주기를 좋아하며 동정하는 자가 되게 하라. 이것이 장래에 자기를 위하여 좋은 터를 쌓아 참된 생명을 취하는 것이니라."(딤전6:18-19)

"이같이 너희 빛을 사람 앞에 비취게 하여 저희로 너희 착한 행실을 보고 하늘에 계신 너희 아버지께 영광을 돌리게 하라."(마5:16)

제자들의 발을 씻긴 예수님처럼

그렇다면 전도인은 불신자에게 어떤 선행을 베풀어 그리스도인에 대한 편견을 바로잡고 그리스도의 사랑을 보여줄 것인가? 나는 그 해답을 발마사지에서 찾았다. 사람들이 꺼려하는 발을 정성껏 어루만져 삶의 피로를 풀어줌으로써 육체의 건강을 도모하고, 하나님의 사랑과 말씀을 전함으로써 영혼의 건강을 도모해 구원의 길로 안내하는 것이 발사랑 관계전도법이다. 발마사지를 통해 불신자의 마음속 텃밭에 정情이라는 비료를 주고 복음의 씨를 뿌리면 머지않아 씨앗이 싹을 틔우게 된다.

보통 전도하기 위해서 커피나 차를 나눈다거나 부침개를 굽는다거나 하면 비용에 대한 부담이 생기기 마련이다. 커피 한두 잔이야 별것 아닐지 몰라도, 적게는 1,000잔에서 많게는 10,000잔이 되면 상황이 달라진다. 그런데 발사랑 봉사는 무료로 배울 수 있을 뿐만 아니라 봉사를 하는 데도 거의 비용이 들지 않는다. 발마사지에 사용되는 나무 봉은 반영구적이고, 잃어버리지만 않으면 평생 사용이 가능하다. "병든 자를 고치며 죽은 자를 살리며 문둥이를 깨끗하게 하며 귀신을 쫓아내되 너희가 거저 받았으니 거저 주어라."마10:8라는 성경 말씀처럼 나 자신도 성도들 덕분에 발마사지를 거저 배웠으니 다른 사람에게도 거저 가르쳐 주리라 결심했고, 지금까지도 무료강의와 세미나를 계속하고 있다.

발사랑 관계전도는 누구나 쉽게, 단기간에 배울 수 있다. 대개 발마사지 학원에서는 2~3개월 과정의 교육을 받아야 하지만, 전도를 목적으로 한 발사랑 봉사단 교육은 학원에서 2달 동안 배울 것을 단 하루 만에 배울 수 있다. 또한 교육 후 12주간 연습을 통해 전문가 수준으로 발전할 수 있다. 아울러 발사랑 봉사하는 기간에 배운 것을 반복하면 할수록 실력이 늘게 된다.

발사랑 관계전도에서 또 한 가지 중요한 것은 하나님이 자신을 도구로 쓰신다는 사실을 봉사자 자신이 체험하는 것이다. 나 역시 수많은 사람들이 치유되는 것을 보며 하나님의 사랑을 느꼈다. 때로는 병원에서도 포기하고 가족들도 포기한 사람이 기적처럼 치유되는 것을 목격하기도 했다. 발마사지를 하기 전에는 하나님이 내게 그런 능력을 주신 줄을 까맣게 몰랐다. 그런데 실제로 행해 보니 나에게도 신유의 은사가 있었던 것이다. 믿는 우리에게는 "손을 얹은 즉 나으리라."는 성경 말씀이 있다. 많은 사람들이 자신에게 그런 능력이 있는 줄을 모르고 살지만, 발마사지를 해보면 하나님께서 자신을 치유라는 은사의 도구로 사용하심을 알 수 있다.

사람들은 몸이 아프면 약국이나 병원을 먼저 찾는다. 믿는 우리들에게 와서 기도를 받으면 나을 텐데 믿지 못하여 현대 의학에 의존하는 것이다. 그러나 발혈치유는 세상 사람들이 믿을 수 있는 대체의학으로 활용될 수 있다. 또한 발을 만져주면 치유된다는 생각으로 불신자를 전도자에게 이끄는 도구도 된다. 하나님께서는 부족한 우리를 활용해 세상의 모든 질병을 치유하려는 계획을 갖고 계시며, 발마사지를 하기 전에 반드시 행하는 우리들의 기도는 그런 세상 사람들을 치유해 주님께 나아가도록 만든다.

발사랑 관계전도가 교회 부흥과 성도 개개인의 영적 부흥의 기폭제가 되어 하나님 나라를 넓혀가기를 소망한다.

사랑의 뜰안으로 오세요

지역 주민을 위해 발사랑 봉사를 하기 위해선 제법 널찍한 공간이 필요했다. 어디 마땅한 장소가 없나 물색하던 중에, 주일 외에는 거의 비어 있다시피 한 교회의 일부 공간이 눈에 들어왔다. 남아 도는 휴면 공간을 지역 주민들에게 내어 주어 발사랑 봉사에 활용하면 어떨까? 하나님의 피 값으로 세워진 교회가 어려운 이웃을 위해 교회의 공간을 내어놓는다면 하나님께서 기뻐하시지 않을까? 발사랑 봉사를 통해 몸으로, 마음으로 사람들을 섬기면 교회의 문턱이 낮아져 전도에 큰 도움이 될 것이고, 궁극적으로 하나님 나라가 더 넓어지지 않을까?

이런 생각 끝에 '사랑의 뜰안'이라고 이름 붙인 공간을 교회 안에

제자들의 발을 씻긴 예수님처럼

만들어 발사랑 봉사에 사용했다. 거동이 불편하거나 경제적으로 어려운 어르신들의 경우, 몸이 아파도 병원이나 약국을 찾지 못하는데, 이곳을 찾아 발마사지를 받고 육신이 치유되는 것을 경험하면서 사랑의 뜰안이 효과적인 전도의 구심점으로 자리잡았다. 봉사자들 또한 스스로 존재 가치를 확인하는 공간이 되었다. 하나님을 위해 뭔가를 하고 싶지만 마땅한 봉사 대상이나 방법이 없어 방황하던 차에 발혈치유사 특강을 통해 발사랑 봉사단원이 됨으로써 힘들고 아파하는 이들에게 예수님의 사랑을 행하며 스스로 자긍심을 느꼈다.

나는 이 사랑의 뜰안을 수년 내에 1,000개로 만들고, 나아가 중국이나 이스라엘로 사업을 확대해 현지 선교사와 함께 그곳에도 사랑의 뜰안을 만들 비전을 갖고 있다. 그렇게 되면 현지인들이 거부감 없이 그리스도의 사랑을 접하고 하나님을 영접할 수 있을 것이다. 그래서 나는 가는 곳마다 사람들에게 이렇게 말한다.

"전도하고 싶다면 아무 말 하지 말고 발마사지를 해주세요. 그리고 하나님께 기도하세요. 그럼 그 사람은 반드시 하나님 앞에 무릎 꿇습니다."

나는 4년 전 성광교회 전도사직을 내려놓았다. 더 많은 교회에 발마사지 관계전도법을 알리기 위한 결단이었다. 발사랑 관계전도법이 마음과 육신의 상처로 힘들어 하는 이 땅의 모든 영혼들에게 하나님을 전하는 가장 효과적인 전도법임을 확신하기 때문이다. 나는 물론 가족들까지도 모두 발혈치유 자격증을 취득했고, 특히 아내는 얼마 전 직장생활을 그만두고 든든한 지원군이 되어 발사랑 관계전도 사역을 돕고 있다.

지금까지 17,000명에게 발혈치유 교육을 해주었고, 이들이 하나님의 신실한 도구가 되어 아프고 지친 사람들의 발을 마사지했다. 그 결과 사랑의 뜰안을 통해 10,000명의 불신자가 결신하였다. 이처럼 효과가 나타나니 어찌 발마사지에 투신하지 않을 수 있을까. 사랑의 뜰안 가족들은 하나님의 전도 도구가 된 자신들을 자랑스러워하며 그 일에 기꺼이 헌신하고 있다.

제자들의 발을 씻긴 예수님처럼

발사랑 관계전도 간증편

발을 만지면 기적이 일어난다

"내가 진실로 진실로 너희에게 이르노니 종이 상전보다 크지 못하고
보냄을 받은 자가 보낸 자보다 크지 못하니
너희가 이것을 알고 행하면 복이 있으리라."(요13:16-17)

정말 하나님이 계시긴 계신가 봐요

2004년 4월, 인천시 서구 가정동에 사는 이갑순 할아버지가 주위 사람의 권유로 성광교회 발마사지 센터인 사랑의 뜰안에 찾아오셨다. 마침 30명 정도 되는 사람들이 발마사지를 받느라 사랑의 뜰안이 몹시 북적거렸다. 나는 할아버지를 반갑게 맞으며 이렇게 말했다.

"사랑의 뜰안에 오시면 발마사지부터 받아야 하는데, 발 좀 빌려 주시겠어요?"

그랬더니 할아버지가 주춤하며 내키지 않는 표정을 지었다.

"난 마사지 안 받아도 돼요. 사람들도 많은데 순서 기다리려면 한참이겠구만."

아마도 낯선 사람에게 발을 내밀기가 꺼림칙한 모양이었다. 그래서 강하게 권유하지 않고 한발 뒤로 물러섰다.

"오늘은 사람이 너무 많아서 정신이 없는데 이번 주 금요일에 다시 오시면 어때요? 그날은 사람이 적어서 여유 있게 마사지 해드릴 수 있는데."

"글세요, 시간 되면 와볼게요."

말은 그렇게 했지만 이갑순 할아버지는 사랑의 뜰안에서 발마사지를 받고 있는 다른 어르신들을 은근히 부러운 눈길로 쳐다보셨다. 할아버지의 시선이 느껴지자 더 신이 나서 다른 분들의 발을 열심히 마사지했다.

며칠 후 할아버지가 다시 오셨다. 그냥 말만 하고 안 오는 분들도 많은데 사랑의 뜰안을 다시 찾아주어 기분이 좋았다. 아마도 신이 나서 발마사지 하는 내 모습과, 발마사지를 받고 침대에서 내려오는 분들의 개운한 표정, "아이고 시원하다."를 연발하며 만족해하는 모습을 보고 마음이 동하신 듯했다. 마침 먼저 오신 분들을 마사지하고 있어서 할아버지께 양해를 구했다.

"발마사지 받기 전에 발을 각탕^{탕욕의 하나로 전신을 담그는 것이 아니라 무릎 아래 부분만 담그는 것}하세요. 바지 벗으시고 반바지로 편하게 갈아입으시구요."

그랬더니 할아버지가 슬며시 웃으며 이렇게 대답하셨다.

"안에 반바지 입고 왔어요."

. 그런데 먼저 오신 분의 발마사지를 마치고 마실 물을 준비하려고

가다가 할아버지의 발을 쳐다보고는 깜짝 놀랐다. 빨간 반점 비슷한 우둘투둘한 것이 발 전체의 40% 정도를 뒤덮고 있어 눈을 돌리고 싶을 만큼 징그럽고 보기 흉했다. 세상에, 저렇게 심한 피부병도 다 있구나 싶었다. 발마사지 봉사로 그리스도의 사랑을 실천한다고 하지만 그 발만은 도저히 만질 엄두가 나지 않았다. 그때 마귀가 내 안에서 이렇게 속삭였다.

"대박아! 저 할아버지 발 만지지 마. 그러다 피부병 옮으면 어떡해? 저 어르신이야 연세가 있어서 사회활동을 안 하니까 괜찮지만, 너는 아직 젊은데 피부병이 옮으면 끝장이야!"

나는 고개를 저으며 마귀의 유혹을 물리치려고 했다.

"아니야, 그래도 해야 돼! 나한테 발마사지 받으려고 다시 찾아오셨는데 실망시켜 드릴 순 없어."

그러자 다시 마귀의 음성이 들렸다.

"하지 말라니까. 저 할아버지 발을 만진 손으로 다음 사람을 마사지하면 좋다고 하겠어? 그러다 여기 사람들 다 도망갈걸? 할아버지한테 가서 발마사지 못하겠다고 말씀드려. 피부병 때문에 도저히 안 되겠다고 말해."

결국 마귀의 속삭임을 이기려고 기도했다.

"주님, 어떻게 해야 합니까? 하나님께서 저분을 사랑하셔서 우리 사랑의 뜰안에 보내셨는데, 피부병 때문에 마사지를 해드려야 할지 말아야 할지 고민입니다. 주님, 부디 응답해 주세요."

그렇게 고민하며 할아버지가 아닌 다른 사람의 발을 마사지하고 있는데 주님의 음성이 들렸다.

"믿음으로 무슨 독을 마실지라도 해를 입지 않으리라."

그러나 할아버지 발을 만지고 나면 다음 사람이 꺼림칙해서 발을 맡기지 않을 게 뻔했다. 그것 때문에 망설이자 주님께서 지혜를 주셨다.

"저 할아버지는 시간도 많고 바쁘지 않아 보이니 맨 마지막에 발 마사지를 해드려라. 그럼 다음 사람이 꺼림칙할 일이 없다."

주님께서 일러주신 대로 다른 사람들의 발을 마사지한 후 맨 마지막으로 이갑순 할아버지를 침대에 눕히고 마사지를 시작했다. 처음에는 차마 만질 엄두가 나지 않았었지만 주님께서 용기를 주신 덕분에 마사지를 시작할 수 있었다.

1단계 발마사지가 끝나고 2단계를 중간쯤 했을 때, 갑자기 흐느끼는 소리가 들렸다. 고개를 들었더니 할아버지가 닭똥 같은 눈물을 뚝뚝 흘리며 울고 계시는 게 아닌가.

"왜 그러세요? 제가 혹시 아프게 해드렸어요?"

"아니에요…."

"그럼 왜 우세요? 네?"

"내가 지난 15년 동안 이 몹쓸 피부병을 달고 사느라 사람 취급 못 받은 적이 셀 수도 없이 많았어요. 근데 내가 봐도 이렇게 징그럽고 흉한 발을 전도사님이 맨손으로 만져 주시니, 몸 둘 바를 모르겠습니다. 하나님의 사랑이 아니면 어떻게 이럴 수가 있겠습니까? 그간 교회

하곤 담을 쌓고 살았지만 오늘 보니까 정말로 하나님이 계시긴 계신 가 봅니다. 고맙습니다, 전도사님."

"주님께서 어르신을 사랑하셔서 우리 사랑의 뜰안까지 보내셨나 봅니다. 제가 아니라 예수님께 감사하세요. 우리는 그저 2,000년 전 에 우리의 스승이신 예수님께서 하셨던 일을 따라하는 것뿐입니다."

할아버지는 발혈치유 4단계가 끝나는 시간까지 하염없이 눈물을 흘리셨다. 그런 할아버지를 보며 나도 회개했다. 이렇게 주님의 뜻이 있어 어르신을 사랑의 뜰안에 보내셨는데 잠시나마 발마사지를 해주 지 말아야겠다고 생각했던 것이 너무나도 부끄러웠다. 할아버지는 발 마사지가 끝난 후 내 손을 꼭 잡으며 다시 한 번 말씀하셨다.

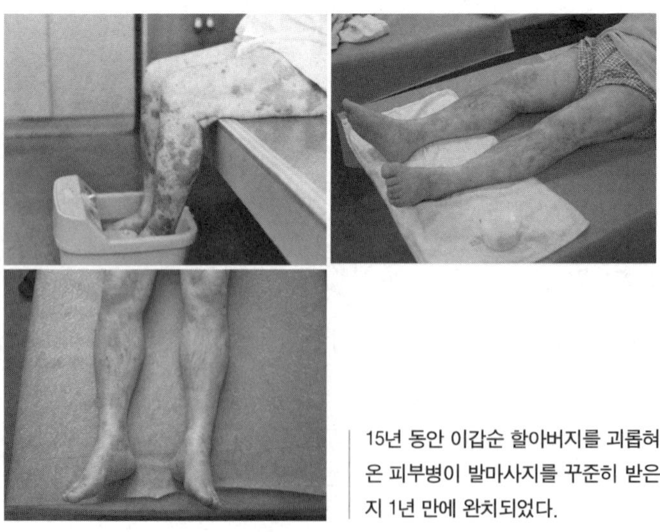

15년 동안 이갑순 할아버지를 괴롭혀 온 피부병이 발마사지를 꾸준히 받은 지 1년 만에 완치되었다.

"정말로 하나님이 계시긴 계신가 봐요. 고맙습니다."

이갑순 할아버지는 바로 다음 주일에 성광교회 새 신자로 등록했다. 그리고 그 다음 주에는 아내를 전도해서 이제는 두 분이 같이 신앙생활을 하신다. 두 분 모두 매주 금요일 우리 사랑의 뜰안에 오셔서 발마사지도 하고 이런저런 애기도 나누며 교회 생활을 참 열심히 하신다.

이갑순 할아버지의 15년 된 피부병은 발혈치유를 1년 정도 꾸준히 받고 난 후에 기적처럼 말끔히 나았다. 주일예배 중 간증에 나오신 할아버지는 고질적으로 앓았던 피부병 사진을 보여주며 병원에서도 못 고치고 각종 민간요법으로도 못 고쳤던 병이 발마사지를 통해 나았다고 말씀하셨다. 할렐루야!

지금도 그때 일을 생각하면 가슴이 뭉클하다. 처음 이갑순 할아버지를 만났을 때와 치유받고 많은 사람들 앞에서 간증하던 모습을 돌이켜 보면 주님의 역사하심에 그저 감사하고 영광 돌릴 따름이다.

마지막으로 구원의 확신을 얻고

인천시 서구에 사는 최인순 집사님은 슬하에 7남매를 두셨다. 큰 며느리의 신앙으로 아들이 전도사로 시무하면서 집안을 위해 기도했지만 최인순 집사님 외에 다른 가족들은 아직 다른 종교를 믿는 가정이었다. 최 집사님의 신앙 상태도 큰며느리의 권고로 음성교회에 4년 정도 나갔을 뿐, 아직 발목신앙 정도에 불과했다.

최 집사님은 3번의 무릎 수술과 불면증으로 몹시 고생을 하고 계셨는데, 정순애 자매님이 사랑의 뜰안에 가 보라고 적극 권했다.

"집사님! 우리 교회 사랑의 뜰안에 가서 발마사지 한번 받아봐요. 무릎 아픈 거랑 밤에 잠 못 자는 거, 잘 하면 나을 수도 있어요. 거기서 마사지 받고 병이 나은 사람들이 얼마나 많은데요.”

당시 근처의 음성교회에 다니고 있던 최 집사님은 쉽게 나서지 못하고 머뭇거렸다.

“다른 교회 다니는 사람인데 괜찮을까요?”

“그럼요.”

망설이던 최 집사님은 큰맘 먹고 정순애 자매님과 함께 사랑의 뜰 안을 찾았다. 집사님의 발을 마사지하려고 살펴보니 무릎에 큰 상처가 두 군데 있었는데 아마도 수술 자국 같았다. 발목이 가는 것을 보면 거동이 불편해 밖에 외출을 잘 못하는 듯했다. 발 여기저기를 누르고 만져보니 위장, 췌장, 십이지장, 신장 등이 좋지 않았고 변비, 불면증, 어깨 결림 등을 앓고 있어 한마디로 걸어다니는 종합병원 같았다. 처음엔 1단계, 2단계를 거쳐 4단계 마사지를 하려고 생각했는데 몸 상태를 보니 1단계와 2단계로 조절해야 될 것 같았다. 마사지를 시작하고 얼마의 시간이 흘러 2단계를 마무리하고는 수건으로 닦아드렸다. 그러자 집사님께서 이렇게 말씀하셨다.

“세상에, 어쩜 이렇게 시원할 수가 있어요? 정말 고맙습니다, 전도사님.”

최인순 집사님과의 만남은 이렇게 시작되었고, 신현동에서 일주일에 두 번씩 봉사를 하느라 자주 뵐 기회가 있었다. 그런데 만남의 횟수가 쌓여가면서 최 집사님의 태도가 점차 변하기 시작하더니, 나중엔 나를 붙잡고 이렇게 털어놓았다.

"사실 처음엔 그저 전도하려고 이러는 거겠지 생각했어요. 며칠 반짝하고 말겠지 했는데 그간 쭉 지켜보니 그게 아니더라구요. 횟수가 늘어나는데도 한결같이 정성을 담아 발마사지를 하는 모습이 진짜 예수님의 사람 같지 뭐에요? 요즘은 발마사지 덕분에 무릎 아픈 것도 좋아지고 불면증이 없어져서 잠을 아주 잘 잔다우."

"마사지가 효과 있어서 다행이네요."

"말이 나와서 말이지만 우리 같이 쓸모없는 노인네들을 누가 그렇게 지극정성으로 보살펴 주겠어요? 그것도 냄새나고 지저분한 발을 만져주면서 말이우. 좀 쉬엄쉬엄 하라고 해도 땀을 뻘뻘 흘리며 고생하고, 피 한 방울 안 섞인 남한테 어쩜 그렇게 잘할 수가 있냐고요? 여기 봉사하시는 분들을 보면 주님의 사랑이 어떤 건지 이제 좀 알 것 같아요."

최 집사님은 우리의 발사랑 봉사 덕분에 발목만 겨우 담그고 있던 얕은 신앙생활에서 벗어나 하나님 품에 온전히 안길 수 있었다.

그런데 몇 달 후, 몸이 많이 좋아져서 4단계 발마사지를 시작한 지 얼마 안 됐을 무렵, 갑작스레 하나님의 부르심을 받고 세상을 떠나셨다. 임종 예배 때 최 집사님의 며느리가 우리 성광교회 이준원 목사님께 이렇게 말했다.

"목사님, 너무 감사합니다. 저희 어머니가 그동안 교회는 다니셨어도 실은 선데이 크리스천에 불과했어요. 그런데 성광교회를 다니면서 하나님이 살아계심을 알고 구원의 확신까지 얻은 가운데 편안하게 돌아가셨어요. 어머님이 돌아가시기 며칠 전에 제게 전화를 해서는 '얘, 예수님은 정말 살아계신 것 같다. 예수님은 날 사랑하셔.' 하고 말씀하시더라고요."

성광교회에서 교회장으로 최 집사님의 장례를 마친 후 큰아들 내외가 찾아왔다. 어머니가 그렇게 좋아하셨던 성광교회 사랑의 뜰안을 위해 썼으면 좋겠다는 말과 함께 어머니가 사셨던 집을 처분한 돈을 건넸다.

신앙 좋은 며느리의 권고로 몇 년간 교회를 다녔지만 구원의 확신과 예수님이 살아계심을 알지 못했던 최인순 집사님, 예수님의 사랑을 몸소 실천하는 성광교회 사랑의 뜰안을 통해 구원의 확신을 얻고 하나님 곁으로 가게 돼서 정말 다행입니다. 먼 훗날 천국에서 다시 만나 뵙기를 소망합니다. 그리고 사랑합니다.

부처님보다 예수님이 훨씬 좋구나

유복순 할머니의 집안은 대대로 불교를 믿었고, 매년 정초가 되면 용하다고 소문난 무당을 찾아가 그해 운세와 점을 보곤 했다. 일찍이 남편을 잃고 혼자된 할머니는 여관을 운영하면서 아들 둘에 딸 둘을 혼자 힘으로 키우고 살아오셨다. 젊었을 때부터 여관을 하며 산전수전 다 겪다 보니, 웬만한 세상사엔 눈 하나 깜짝 안 하게 되었고 여장부 소리를 심심찮게 듣곤 했다.

그런데 무슨 연유에서인지는 몰라도 할머니는 교회라면 치를 떨었다. 어느 집사님이 할머니를 교회에 전도하려고 했지만 마구 욕을 하고 쌍소리로 저주를 퍼붓는 바람에 곤욕을 치렀다. 전도자가 다녀가면 재수 없다고 소금을 뿌릴 정도여서 여간해서는 전도가 힘든 분이었다.

그런데 하나님은 그런 유복순 할머니까지도 사랑하셨는지, 할머니 몸에 고통을 주셨고 밤마다 잠도 못 이룰 정도로 병이 악화되었다. 그렇게도 교회를 싫어하던 할머니는 2003년 10월, 우리 교회 최금례 집사님의 끈질긴 전도 덕분에 혹시나 몸이 나을까 하는 실낱 같은 희망을 안고 사랑의 뜰안에 찾아오셨다. 몸 상태가 말이 아니었던 할머니는 봉고차에 오르는 것조차 힘에 겨워 일단 봉고차 계단에 무릎을 꿇고서야 겨우 차에 올라탈 수 있었다.

그렇게 어렵게 사랑의 뜰안을 찾은 유 할머니는 가장 약한 1단계 발마사지만 해도 "아이고~아야~~"하며 오만상을 찌푸리고 신음소리가 끊이지 않았다. 하지만 언젠가는 상태가 나아지리라는 믿음을 갖고 열심히 발마사지를 해드렸고 회를 거듭할수록 조금씩 상태가 호전되었다. 그와 함께 교회에 대한 할머니의 반감도 누그러졌다.

할머니는 교회의 직분이나 명칭도 잘 몰라서 나를 선생님이라고 부르는가 하면, 봉고차를 몬다고 전 기사라고 부르기도 했다. 발마사지를 받는 동안 사랑의 뜰안에 오신 여러 어르신들과 이런저런 얘기를 나누는 데 재미를 붙인 할머니는 그렇게도 싫어하던 교회와 점점 가까워졌고, 나중엔 구역예배에 참석할 정도가 되었다.

그러던 어느 날 작은아들이 할머님을 안성으로 모시고 가 보름 정도 안 보였던 적이 있다. 그런데 할머니는 보름 동안 거의 매일 최금

레 집사님께 전화를 해서 "나 교회 가고 싶은데 어떡해? 여기서는 답답해서 못 있겠어. 우리 아들한테 나 인천에 보내야 된다고 자네가 말 좀 해줘. 응?"하고 귀찮을 정도로 조르셨다.

그렇다고 그분이 교회의 열성 성도가 된 것은 아니지만, 그분 마음 속에 교회가 자리잡고 있음을 알 수 있었다. 결국 하나님의 복음이 어둠 속을 헤매는 한 영혼을 구원한 것이다. 며칠 후 다시 인천으로 올라와 교회에 나온 할머니는 내게 이렇게 말씀하셨다.

"전도사님! 내가 요즘은 교회 가는 낙으로 삽니다. 교회 안 가는 날은 하루하루가 왜 그렇게 길고, 시간이 안 가는지 모르겠어요. 그래서 난 주일이 제일 싫다우."

"아니, 왜요? 교회 다니는 낙으로 사신다면서요?"

"주일, 수요일, 금요일, 이렇게 일주일에 세 번 교회에 가는데 주일이 되면 다가오는 월욜일하고 화요일엔 교회 못 가잖아요. 앞으로 이틀이나 지루하게 기다릴 걸 생각하니까 주일이 싫어지지 뭐유?"

"네에? 하하하…그러셨어요?"

할머니의 변화가 너무 흐뭇해 나도 모르게 웃음이 나왔다.

그러더니 며칠 후엔 이런 말씀을 하셨다

"전도사님! 아무래도 부처님보다 예수님이 훨씬 더 센가 봐요. 지난 73년 동안 나 좀 아프지 말게 해달라고 그렇게 빌고 또 빌었건만, 허구한날 아팠잖소. 근데 예수님한테는 몇 번 빌지도 않았는데 이렇게 몸이 좋아졌지 뭐유? 아무리 생각해도 우리 예수님이 요즘 애들 말대로 짱인 것 같아요."

전도자들에게 재수 없다고 소금을 뿌리던 할머니가 이렇게까지 변할 줄이야! 사랑의 뜰안을 통해 또 한 영혼을 구원하신 주님께 감사드릴 따름이다.

지푸라기가 동아줄이 되다

50대 초반인 박애순 성도는 미용기술이 뛰어나 10년 넘게 미용실을 운영하며 살아왔지만 알코올중독에 빠져 있었다. 처음엔 가볍게 한 잔, 두 잔 먹던 술이 대순진리교를 믿으면서 폭음으로 변해 알코올 중독자가 되어버린 것이다. 그러자 남편도, 아들도 떠나고, 심지어는 장사가 잘 되던 미용실마저 처분해야 했다. 남편과 친정 아버지는 그녀를 정신병원에 입원시키려고 의논을 마친 상태였다.

그런데 그때 사랑의 뜰안에 다니던 어머니께서 마지막으로 교회에 보내보면 어떻겠냐고 말씀하셨다. 결국 가족들은 그녀를 정신병원에 보내기 전에 마지막으로 한 번 더 기회를 주기로 했다.

그렇게 해서 사랑의 뜰안을 찾은 박애순 성도는 첫날부터 굉장히 조심스럽게 행동했다. 그녀의 발을 만져보니 위장, 췌장, 십이지장, 신장, 간장 등의 상태가 좋지 않았고, 특히 불면증이 심한 것 같았다. 증상을 말하면서 이것저것 병명을 물어보자 "아니, 어떻게 그렇게 잘 아세요?"하면서 깜짝 놀랐다.

몸 상태가 무척 안 좋아서 일단 조심스럽게 발마사지를 시작했다. 어린 아이를 대하듯 부드럽고 약하게 1단계를 실시했다. 3단계는 다음에 할까 하다가 나이가 그렇게 많지 않은 분이라 괜찮겠지 하고 시도했다. 마사지를 끝내고 머리와 어깨 안마를 해주자 몹시 아파했다.

"물을 충분히 마셔서 노폐물이 몸 밖으로 배출되게 하세요. 아마 오늘밤은 잠이 잘 올 겁니다. 그리고 내일 다시 찾아와 주세요."

그런데 마사지를 받고 사랑의 뜰안을 나가려던 박애순 성도가 갑자기 돌아서며 상담을 요청했다.

"실은 제가 대순진리교에 빠져서 알코올중독이 됐습니다. 술 때문에 몸이 망가져서 안 아픈 데가 없고 밤엔 잠도 못 자요. 여기서도 알코올중독을 못 고치면 정신병원에 갈 수밖에 없는데, 전도사님이 도와주세요. 마지막으로 지푸라기라도 잡는 심정으로 이곳에 왔어요. 제가 술을 끊고 새사람이 될 수 있게 제발 도와주세요. 네?"

그녀의 간곡한 부탁에 하나님을 믿을 것과 주일 오전과 오후, 수요일과 금요일 철야 예배에 빠짐없이 참석할 것을 권면한 다음 그녀를 위해 주님께 기도했다. 기도 중간에 은혜 받아 눈물을 펑펑 쏟는 박애순 성도를 보고 성령이 함께하심을 느꼈다.

그녀는 일주일에 두세 번씩 발마사지를 받으며 차츰 건강을 되찾았고 알코올의 유혹을 뿌리치기 위해 끊임없이 하나님께 기도했다. 아침저녁 자고 일어날 때마다 주기도문과 사도신경을 읽는 것을 빼먹지 않았고, 모든 예배에 참석하는 것은 물론 구역예배에도 열심이었다.

그로부터 두 달이 지났을 무렵, 그녀는 자신과 가정을 황폐하게 만들었던 지긋지긋한 알코올중독에서 마침내 해방되었다. 마지막으로 지푸라기라도 잡는 심정으로 사랑의 뜰안을 찾은 것이 구원의 동아줄이 된 셈이다. 친정 어머니 말로는 그녀가 두 달이 넘게 술을 입에 안 댄 것 자체가 기적 중에 기적이라고 했다.

술을 완전히 끊고 건강을 되찾은 박애순 성도는 우리 사랑의 뜰안의 일꾼이 되어 열심히 봉사하며 녹슬지 않은 미용기술을 발휘하고 있다. 얼마 전에도 사랑의 뜰안을 찾은 어른신들의 머리를 보기 좋게 자르고 다듬어 주었다. 암울했던 지난날과는 달리 밝은 얼굴로 "전도사님! 저는 이렇게 평생 봉사만 하다가 하늘나라 가고 싶어요."하고 말하곤 한다.

박애순 성도가 새사람으로 거듭나고 그 가정이 평안을 찾도록 이끌어 주신 하나님, 참으로 감사합니다. 할렐루야.

발을 만지면 기적이 일어난다

기적처럼 빛이 보인 순간

문용태 할아버지는 지난 20년 동안 고질적인 당뇨병을 앓아 왔고, 합병증으로 한쪽 시력과 치아를 잃은데다, 약간의 중풍까지 겹쳐 말이 어둔하고 잘 걷지도 못하는 상태였다. 죽을 때까지 당뇨약과 혈압약을 복용해야 한다는 진단을 받고서 여기저기 병원에도 다녀 보고 물리치료도 받았지만 좀처럼 회복될 기미가 보이지 않았다. 증상이 심해지면 약을 써서 통증을 가라앉힐 뿐, 병이 근본적으로 낫기는 힘들어 보였다.

천주교 집안에서 자라 세례까지 받고 열심히 성당에 다니던 문 할아버지는 정순례 집사의 권유로 성광교회에 다니기 시작했다. 사랑의 뜰안을 찾은 할아버지의 발을 만져보니 췌장과 위장이 안 좋고 혈압이 무척 높았다.

"어르신! 앞으로 일주일에 두 번씩 와서 발마사지 받으세요. 거르지 말고 꾸준히 받으셔야 합니다. 그리고 하나님의 치료를 굳게 믿고 기도하세요. 그럼 차도가 있을 겁니다."

"글세요…그런다고 내 몸이 좋아질 것 같지 않은데."

"원래 병이라는 게 마음먹기 달렸잖아요. 너무 부정적으로 생각지 마시고 좋게 생각하세요. 언젠가 나으리라는 희망을 버리지 마시고요. 아셨죠?"

"노력해 보리다."

할아버지의 몸 상태가 워낙 나빠서 단기간에 효과를 보리라고는 생각지 않았지만 몇 달이 흘러도 도무지 차도가 보이지 않아 살짝 조바심이 났다. 내 정성과 기도가 부족한가 싶어 더 열심히 마사지하고 간절히 기도했다.

그런데 발혈치유를 받은 지 9개월 가량 지났을 무렵, 할아버지가 환한 얼굴로 나를 찾아왔다. 그리고는 사랑의 뜰안 천장에 달린 백열등을 손가락으로 가리키며 말했다.

"전도사님! 저 불빛이 보여요!"

"네에? 정말이요?"

"여기 처음 왔을 때 당 수치가 380이었고 왼쪽 눈은 거의 실명 상태였어요. 오른쪽 눈을 가리면 그 밝은 햇빛조차도 안 보일 정도였어요. 그런데 지금은 어떤지 알아요? 오른쪽 눈을 완전히 가려도 왼쪽 눈에 저 불빛이 보인다니까요! 세상에, 이렇게 놀라운 일이 어딨습니까?”

햇빛도 보지 못할 만큼 악화되어 실명 직전에 있던 시력이 발을 만진 지 9개월 만에 기적적으로 회복된 것이다. 할아버지가 빛이 보인다고 말한 그 순간, 나를 치유의 도구로 쓰신 하나님의 사랑을 온몸으로 느꼈다.

“어르신! 하나님께서 어르신을 사랑하셔서 그동안 아픔을 주셨나 봅니다.”

“그게 무슨 말입니까?”

“그간 아픔을 주신 게 결국은 어르신을 하나님 앞으로 부르기 위해서잖아요.”

“그러게요. 정말로 그런가 봅니다.”

몇십 년 동안 천주교에 몸담아 왔던 할아버지는 개종해서 기독교인이 되었다. 몇 달이 더 지난 뒤 시력은 물론 당뇨가 호전되고 중풍이 사라져 지금은 말도 청산유수로 잘 하시고 활기차게 잘 걸어다니신다.

탕자의 귀환

강두흥 집사님은 지난 15년 동안 당뇨병을 앓았다. 당뇨가 심할 때는 당 수치가 490까지 올라 입안이 바짝바짝 마르며 갈증이 났고, 조금만 활동을 해도 금세 피곤해졌다. 또 음식을 먹어도 금방 배가 고파져서 자꾸만 과식을 하게 되었다. 설상가상으로 젊었을 때부터 운전으로 생계를 꾸리던 분이라 상체보다 하체가 약한 탓에 허리디스크를 앓았다. 양쪽 발 바깥쪽으로 콕콕 찌르는 듯한 통증이 있었는데, 그게 심하면 밤에 잠을 이루기가 힘들 정도였다.

강 집사님의 집안은 대대로 기독교 집안으로 사촌 큰형님은 장로, 형수님은 권사다. 집사님 역시 모태신앙이지만 정작 본인은 교회에 아무런 관심이 없었다.

"우리가 널 위해 얼마나 기도하는지 아니? 제발 이번 주말엔 가족들하고 같이 교회에 가자."

"싫어요. 전 교회 관심없다고 말씀드렸잖아요."

가족들의 끈질긴 권유에도 불구하고 집사님은 완강히 버티며 교회에 가길 거부했다.

그러다 당뇨로 건강이 크게 나빠진 후 주위 사람들 중에 누군가가 교회에 다니라고 권했다. 가족들의 권유를 무시하며 지금껏 교회 한 번 안 나가고 죄만 지으며 살았는데, 몸이 아파서 교회에 나가려니 왠지 쑥스럽고, 염치없고, 도무지 용기가 나지 않았다. 그런 식으로 하나님을 이용하듯이 잠깐 믿는다고 과연 천국에 갈 수 있을까 의심스러웠다. 그래서 자포자기의 심정으로 그냥 이렇게 살다가 죽자 생각했다.

그러던 어느 날, 평소에 자주 들르던 참전용사 사무실에서 성광교회 사랑의 뜰안에 대한 이야기를 듣게 되었다. 거기서 발마사지를 받아 병이 나은 사람이 꽤 많다는 이야기를 듣고 솔깃했다. 그래서 못 이기는 척하고 따라나서 사랑의 뜰안까지 오게 되었다.

당뇨로 고생하던 강 집사님은 한때 당 수치가 490까지도 올랐지만 발혈치유를 받고 상태가 많이 좋아져서 지금은 당 수치가 120~130 정도다. 또 허리디스크도 많이 호전되어 지독한 통증에서 해방되었다. 지금은 집사 직분을 받아 사랑의 뜰안 회장, 성광교회 내

가정노인대학의 회장직을 수행하고 있다. 또한 매일 아침 사랑의 뜰 안을 열어 발마사지 봉사를 위해 물을 데우고, 수건을 준비하고, 침대를 정돈하고, 청소를 도맡아 하신다.

성경에 나오는 탕자의 귀환처럼 발마사지를 통해 길 잃은 한 영혼이 다시 교회로 돌아온 것을 보고 크나큰 보람을 느꼈다.

발을 만지면 기적이 일어난다

다시 태어난 것만 같아

이분임 할머니는 중풍으로 4년 6개월 동안 문밖출입을 못한 채 방 안에서만 답답하게 살아왔다. 그러던 어느 날 옆집에 사는 이금자 성도의 전도로 휠체어를 타고 성광교회 가정노인대학에 나오면서 사랑의 뜰안을 찾게 되었다.

그런데 할머니는 발을 빌려달라는 말에 난색을 표했다.

"더럽고 지저분한 발을 부끄러워서 어떻게 내놔요? 됐수다."

"괜찮아요, 할머니. 발 이리 주세요."

"아, 됐다니까."

"너무 어려워 마시고 편하게 마사지 받아 보세요. 발마사지를 받으면 손발이 저리는 것도 좋아지고, 또 불면증에도 효과가 있어요."

"그래요?"

발 좀 주무른다고 뭐가 나아질까 싶어 반신반의했지만 결국 할머니는 내 앞에 발을 내놓고 마사지를 받았다.

그런데 바로 그날 밤, 신기한 일이 벌어졌다. 중풍으로 오랫동안 쓰지 않던 손과 발이라 그동안 많이 저리고 아팠는데 통증이 한결 나아진 것이다. 게다가 평소에 수면제를 먹지 않으면 잠을 자지 못했는데, 발마사지를 받은 그날은 세상 모르고 코까지 골아가며 숙면을 취한 것이다.

그 후로 할머니는 일주일에 한 번씩 발마사지를 받고 침을 맞으면서 조금씩 몸을 움직일 수 있게 되었다. 나중에는 상태가 놀랍도록 좋아져서 휠체어 없이, 다른 사람의 부축도 받지 않고 혼자서 바깥출입을 하며 교회도 가고 미용실이나 슈퍼에도 가게 되었다. 그러자 할머니가 너무나 좋아하셨다.

"전도사님! 지난 4년 반 동안 방안에 갇혀 살다시피 한 게 억울해 죽겠어요. 왜 진작 사랑의 뜰안에 와서 은혜받을 생각을 못 했는지. 이금자 자매님 덕분에 이렇게 좋아지긴 했지만 조금만 더 일찍 소개해 줬더라면 하고 아쉬울 정도라우. 노인네가 주책이라고 할지도 모르지만 새롭게 다시 태어난 것만 같다니까요. 이 부족한 죄인을 버리지 않고 중풍을 낫게 하고 합병증을 고쳐주신 하나님 아버지가 그저 감사하고, 또 감사할 따름이에요."

할머니는 성광교회를 통해서 하나님이 베풀어 주신 은혜에 보답하기 위해 발사랑 봉사를 하고 싶다고 하셨다. 하지만 워낙 고령인데다 봉사를 하기엔 무리가 많아 극구 말렸다.

"할머님! 하나님 사랑에 보답하는 길은 열심히 기도하고 예배에 참석하는 거에요."

주일마다 빠지지 않고 예배에 참석하며 소리 높여 찬양하는 할머니를 볼 때마다 하나님의 역사하심을 느낀다.

사명은 나이를 가리지 않는다

70대 중반을 바라보는 노갑희 할머니는 무려 18년 동안 중풍에 걸린 시어머니의 대소변을 받아내며 병 수발을 들어왔다. 그런데 시어머니가 92세의 나이로 천수를 누리고 돌아가신 후 뇌경색에 당뇨, 고혈압 진단을 받게 되었다. 남편의 지극한 간호를 받으며 투병생활을 하던 노 할머니는 다행히 다시 건강을 회복할 수 있었다.

하나님의 사랑으로 건강을 찾은 할머니는 뭔가 뜻있고 보람된 일을 하고 싶었다. 그러자 총회신학교 총장님이신 이준원 목사님이 강도사 고시를 보라고 권했다. 목사님과 남편의 도움으로 열심히 공부를 한 끝에 시험에 합격했다.

강도사로서 목회자의 길을 놓고 기도하던 노갑희 강도사님에게 내가 이렇게 말했다.

"강도사님! 발혈치유를 배워서 봉사할 생각 없으세요?"

"글세요…내 나이에 뭔가를 새롭게 배우기가 쉽지 않을 것 같은데요."

"그래도 강도사 시험을 봐서 거뜬히 합격하셨잖아요."

"물론 그렇긴 한데…한번 생각해 볼게요."

"예, 그러세요."

그러던 어느 날 노갑희 강도사님과 평소 가깝게 지내던 유재련 장로님께서 정맥류 진단을 받았다. 다리 통증이 심해 제대로 걷기가 힘들 정도라 병원에서는 수술을 권했다. 하지만 여든을 넘긴 유 장로님은 나이 들어 큰 수술을 받을 엄두가 나지 않았다.

그런데 그때 마침 노 강도사님도 디스크로 인해 병원에서 수술을 권유받았다. 수술을 미루며 물리치료만 받던 노 강도사님은 유 장로님과 함께 사랑의 뜰안을 찾아 발마사지를 받게 되었다.

그런데 놀라운 일이 일어났다. 수술 아니면 방법이 없다던 유 장로님의 정맥류가 발마사지를 받은 지 2주 만에 눈에 띄게 호전되는 게 아닌가? 게다가 노 강도사님도 디스크 증상이 한결 나아졌다. 얼마 후 정맥류가 말끔하게 나은 유 장로님은 고령에도 불구하고 발마사지를 배워 봉사하고 싶다고 하셨다.

"장로님 연세가 여든 셋인데, 괜찮으시겠어요?"

"그럼요. 하나님께 사명을 받는 데 나이가 무슨 상관이랍니까? 저도 발마사지를 배워서 제가 받은 만큼, 아니 그 이상 돌려주고 싶습니다."

그런 유 장로님을 보고 노 강도사님도 영향 받아 발마사지를 배우기로 결심했다. 두 분은 남들이 1시간 공부할 때 2시간, 3시간 공부하며 열심히 발마사지를 배웠고, 수시로 주위 사람들의 발을 빌려 연습에 연습을 거듭했다. 그 결과 시험에 당당히 합격해 최고령 발혈치유사가 되었다.

노 강도사님과 유 장로님은 발사랑 전도가 교회마다 가정마다 전국 방방곡곡 영향을 미쳐 성령의 불쏘시개가 되기를, 그리하여 하나님께 영광 돌리길 소망하며 오늘도 열심히 발사랑 관계전도에 힘쓰고 있다.

발을 만지면 기적이 일어난다

내 아이를 키다리로 만든 비결

몇 년 전 어느 날, 초등학교 6학년이던 아들 사무엘이 태환이라는 친구를 집에 데려왔다. 그런데 태환이는 우리 사무엘에 비해 머리 하나가 더 올라가고도 남을 만큼 키가 컸다. 그걸 보고 살짝 충격을 받았다. 사실 내 키가 친구들 중에서는 적지 않은 편이라 아이들 키 걱정은 안 하고 살았는데, 막상 또래 친구와 비교를 해보니 너무 차이가 나 은근히 속이 상했다.

아직 초등학교 6학년이라 속단할 때는 아니지만, 언젠간 자라겠지 하고 내버려 둘 수만은 없었다. 명색이 아버지가 발혈치유 전문가이고, 발마사지가 성장에 큰 도움을 준다는 걸 익히 알고 있는데 어찌 가만있을 수 있었겠는가?

바로 다음날 사무엘을 불러 발마사지를 시작했다. 1단계를 시작으로 해서 3단계 발혈치유요법을 실시할 때는 특별히 성장에 효과가 있는 뇌하수체와 갑상선 부위를 집중적으로 관리했다.

그러자 얼마 후 효과가 나타나기 시작했다. 대개 아이들은 초등학교 6학년부터 고등학교 1학년 사이에 많이 성장하는데, 1년에 약 5~8cm정도 크는 것이 보통이다. 그런데 발마사지를 받은 사무엘은 1년에 무려 20cm 가까이 자랐다. 임산부의 배가 불러올 때, 혹은 갑자기 체중이 불어날 때, 피부 여기저기가 갈라져 튼살이 생긴다고 하는데 사무엘도 키가 급격하게 크는 바람에 등과 무릎의 피부가 갈라졌다.

그 아이가 그렇게 훌쩍 자란 게 꼭 발혈치유 때문만은 아니지 않냐고 반문하는 사람들도 있을 것이다. 하지만 내가 이렇게 자신 있게 말하는 데는 그럴 만한 근거가 있다. 보통 키가 큰 사람들은 발도 크기 마련인데, 내 아들 사무엘은 키가 180cm이지만 신발 치수는 250밖에 안 된다. 그런데 우리 처남은 키가 168cm에 신발 치수가 260이다. 사무엘의 키가 급격하게 크는 바람에 발의 성장이 키 크는 속도를 따라가지 못한 것이다. 아마도 사무엘이 발마사지를 받지 않았다면 지금쯤 키가 170cm도 안 됐을 것이다.

나 자신도 아들 녀석의 성장에 놀라고 감탄하며 한동안 그 얘기를 간증하고 다녔다. 간증을 들은 내 동생도 딸을 위해 발마사지를 해주었는데 놀랄 만큼 키가 훌쩍 자랐다. 조카딸은 얼마 전 초등학교에 입학했는데 또래에 비해 키가 너무 커서 담임선생님이 이렇게 말할 정도였다.

"여긴 1학년 교실인데 6학년이 왜 들어왔니? 너네 교실로 돌아가."

초등학교 1학년 학생치고는 키가 너무 커서 6학년으로 착각한 것이다.

성장기 어린이를 자녀로 둔 엄마라면 발마사지를 적극 추천한다. 평생 소원인 기도 제목이 응답받을 수 있는 절호의 기회이니 말이다.

아빠, 저 숙대 붙었어요

내게 엄지라는 딸이 하나 있다. 별명이 '양가집 규수'였는데 조신하고 얌전해서가 아니라 성적표에 '수'는 눈을 씻고 찾아봐도 없고 '양', '가'만 잔뜩 있어서 생긴 별명이었다. 그 정도로 엄지는 공부를 못했다.

그 녀석이 공부를 못한 데는 나름의 이유가 있었다. 엄지가 고3이었을 때, 가정동에 있는 성광교회에서 복지전도사로 시무하고 있었는데, 전도사들 사례비가 얼마 안 됐다. 게다가 규모가 큰 교회가 아니어서 아이들 학비를 지원받을 형편도 못 되었다. 물론 공부하는 데 돈이 다는 아니지만, 학원도 여기저기 보내고 과외도 받게 하려면 부모가 어느 정도 경제적인 지원을 해 주어야 하는데, 부끄럽게도 나는 그런 도움을 주지 못했다. 그래서 엄지가 공부를 못하는 건 다분히 내 탓이라고 자책하며 그저 하나님께 기도할 뿐이었다.

그 무렵 미국에 나가 있던 어느 선교사님을 우연한 기회에 만나게 되어 엄지 이야기를 털어놓았다. 그러자 고민만 하지 말고 차라리 미국에 보내는 게 어떠냐고 조언을 해 주셨다. 미국은 자기가 원하면 얼마든지 공부할 수 있고, 아르바이트를 하면서 공부를 병행할 수 있다고 했다. 당시 미국에는 간호사들이 많이 필요했는데 동양인 간호사를 특히나 선호한다고 했다. 엄지를 미국에 보내 간호대학을 나오게 하면 안정적인 직업도 얻고 이후에 하고 싶은 공부도 계속할 수 있을 거라고 말씀하셨다.

가정예배시간에 엄지에게 그 얘길 했더니 대뜸 미국에 가겠다고 했다. 그러더니 그 후로 학교공부는 제쳐두고 영어에만 매달렸다. 영어에 집중하는 건 좋지만 성적이 바닥을 기자 걱정이 됐다. 그래서 아이를 불러 따끔하게 야단쳤다.

"한국에서도 이렇게밖에 못하는데 미국 가서 공부할 수 있겠냐?"

"아빠, 저도 맘먹으면 더 잘할 수 있어요."

"그게 무슨 소리야?"

"제가 열심히 공부해서 반에서 일등을 한다고 해보세요. 그럼 여기서 대학에 들어가야 할 같은 반 친구들 내신등급이 떨어지잖아요. 저야 미국에 갈 거라 내신 잘 받을 필요도 없는데 여기 친구들한테 피해 주면서까지 공부하긴 싫어요."

"뭐어?"

엉뚱하긴 해도 어떻게 생각하면 맞는 말 같아 뭐라고 대꾸도 못한 채 그냥 웃어버렸다.

결국 엄지는 미국으로 공부하러 갔다. 하지만 간호대학 공부를 다 마치지도 못하고 2년 만에 다시 돌아왔다. 그러더니 한국에서 대학에 가고 싶다며 재수를 하겠단다.

"엄지야! 너 고3 때 성적이 어땠는 줄 아니? 자그만치 '가' 가 5개였다. 그런 성적으로 무슨 대학을 간다 그래?"

"아빠, 저 열심히 할 테니까 일단 재수학원만 보내 주세요. 네?"

미국으로 돌아가라고 설득했지만 도무지 들으려고도 하지 않았다. 그래서 조건을 붙였다. 올 한 해만 대학입시에 도전해 보기로 하고, 대신 매주 2번씩 사랑의 뜰안에 나와 발마사지를 받으라고 했다. 엄지에게 발마사지 해줄 때는 수험생임을 고려해 특별히 대뇌, 전두동, 간장을 중점적으로 만져 주었다. 그게 효과가 있었는지 발마사지를 받고 나면 머리가 맑아지고 집중력이 좋아져서 공부가 다른 때보다 잘 된다고 했다. 공부가 잘 되다 보니 성적이 눈에 띄게 좋아졌고, 그러다 보니 공부가 더 재미있어져 책상 앞에 앉아 있는 시간이 늘어갔다.

엄지는 그 해 숭실대학교, 성신여자대학교, 숙명여자대학교에 원서를 내서 3개 대학 모두 합격했고, 결국 숙명여자대학교 영어영문학과에 들어갔다.

　엄지가 숙대에 입학한 후 발혈치유가 공부에도 도움이 된다는 간
증을 하고 다녔다. 간증을 할 때마다 딸아이가 "아빠, 저 숙대 붙었어
요."하고 말했을 때의 감동이 되살아났다. 자녀들의 공부를 위해 엄
마, 아빠가 발마사지로 도전해 보기를 권한다.

발사랑 관계전도 이론편

발혈치유란 무엇인가

"너희 믿음과 소망이 하나님께 있게 하셨느니라. 너희가 진리를 순종함으로
너희 영혼을 깨끗하게 하여 거짓이 없이 형제를 사랑하기에 이르렀으니
마음으로 뜨겁게 피차 사랑하라."
(벧전1:21-22)

발은 제2의 심장

인체에 있는 200여 개의 뼈 중 52개의 뼈를 지닌 우리 몸의 일부. 51억 개의 모세혈관 중 30억 개가 분포되어 있고 7,000여 개의 신경이 모여 있는 신체기관. 60세가 될 때까지 지구 세 바퀴 반을 도는 것과 맞먹는 거리를 움직이고, 가장 밑바닥에서 온몸의 무게를 지탱하며 수고하는 곳이 어디일까? 정답은 바로 발이다.

심장은 인체의 혈액순환작용을 주도하는데, 심장에서 가장 멀리 떨어진 발에 이르게 되면 그 힘이 약해진다. 이때 발은 걸을 때마다 받는 압력으로 심장에서 나온 혈류를 펌프질해 다시 심장으로 끌어올리는 중요한 역할을 한다. 그래서 발을 제2의 심장이라고 한다. 특히 심장 기능이 아직 약한 아이들이 잠시도 쉬지 않고 활발히 움직이는 것은 손과 발의 혈관이 잘 움직이게 함으로써 심장의 기능을 도와주려는 본능적 작용이기도 하다. 그러므로 아이들이 활발하게 뛰어다니는 것은 건강하고 자연스러운 모습이다.

옛말에 족한상심足寒傷心이라는 말이 있다. 발이 차면 심장이 상한다는 뜻으로, 신체 중 말단에 위치한 발이지만 소홀히 하여 차게 내버려두면 가장 중심부인 심장에까지 영향을 미치게 된다. 그만큼 발 관리가 중요하며 발의 건강은 곧 전신 건강으로 이어진다는 얘기다. 그래서 발을 보면 그 사람의 건강상태를 알 수 있다. 발 전체가 부어있는 사람은 신장에 문제가 있으며 발가락, 특히 엄지발가락이 굵게 변형되어 있으면 관절염을 의심해 봐야 하고, 발뒤꿈치에 굳은살이 두터워져 갈라지면 호르몬의 불균형을 의심해 봐야 한다.

발의 모양을 자세히 들여다 보면 인체와 많이 닮아 있음을 알 수 있다. 발 안쪽에 쏙 들어가 있는 부분은 허리와 닮았고, 발뒤꿈치는 엉덩이 부분, 그리고 발등은 가슴 부분과 닮았다. 단지 외형적인 모양만 비슷할 뿐 아니라 발바닥과 발등, 발 옆쪽에는 인체의 장기와 내분비선, 골격계와 상응하는 반사구가 분포해 있다. 반사구란 감각신경이 모여 있어 인체의 각 부분이 거울처럼 발에 반사되는 부위를 말하는데, 리모콘과 TV가 보이지 않게 연결되어 볼륨과 채널을 마음대로 조정하듯 반사구 역시 신경 및 혈관을 통해 인체의 각 부위와 연결되어 있다. 그래서 발을 인체의 축소판이라고 한다. 반사구를 자극해 우리 몸의 치유력을 높이는 것이 발 반사요법인데, 예를 들어 성기능을 좋게 하려면 생식기와 연결된 신경이 모여 있는 발뒤꿈치를, 위가 좋지 않으면 위에 해당하는 반사구를 만져주면 효과가 있다. 인류가 시작되었을 당시에는 신발이 없었기 때문에 산, 들, 바위 등을 맨발로 밟고 다니면서 자유롭게 걸어다녔다. 이때 자연스럽게 발이 자극을 받았기 때문에 발 반사요법은 인류의 기원과 함께 시작됐다고 해도 과언이 아니다.

발 건강법의 유래는 지금으로부터 약 4천 년 전 중국에서 찾아볼 수 있다. 그 당시 중국의 의원들은 침술 외에도 발바닥의 혈도를 사용했는데, 안마요법을 통해 혈도를 자극함으로써 질병을 다스렸다. 그때부터 발의 중요성을 알고 의술의 한 분야로 연구한 것이다.

기원전 2,330년 경 고대 이집트의 무덤에 있는 벽화를 보면 발 반사요법을 시도하는 모습이 그려져 있다. 또한 석가모니의 발을 만들어 놓은 인도의 불족석佛足石: 석가모니가 입멸하기 전에 남겼다고 하는 발바닥 모양을 새긴 돌안에는 반사구 형태를 한 산스크리트 기호들이 새겨져 있다.

문헌적으로 보자면 중국 최고의 고대 의서로 꼽히는 〈황제내경〉의 소녀편에 관지법觀趾法이라는 발 반사요법이 소개되어 있는데, 발에 있는 혈자리를 자극해 임상효과를 얻었다고 기록되어 있다. 또한 중국의 고대의학서 〈중의경전〉도 발을 제2의 심장이라고 부르며 인체에서 중요한 부위로 인식하고 있다.

한나라 시대의 화타라는 명의는 진나라 시대 이전의 관지법을 연

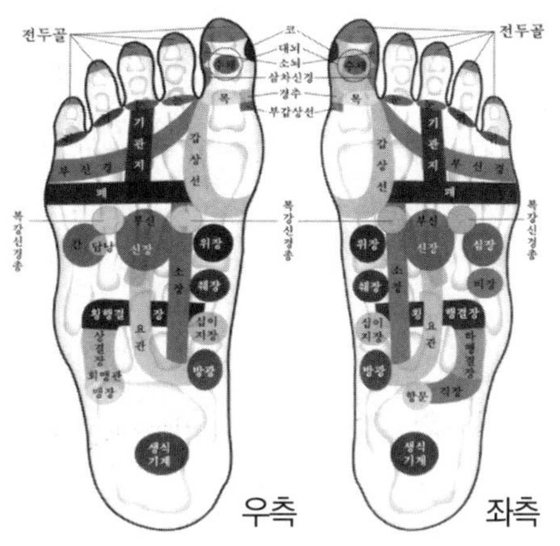

구해 관지법보다 향상된 '화타비급'을 창안했는데, 이것이 당나라 때 일본으로 전해져 오늘날의 침술과 족심도로 발전했다. 이후 원나라 때에는 흘태비열이라는 사람의 발 반사요법이 유럽으로 전해져 오늘 날 발 건강법의 시조가 되었다고 한다.

우리나라에서는 새신랑이 결혼해서 처가집으로 신행을 가면 친척들과 친구들이 신랑의 다리를 매달아 놓고 발바닥을 때리던 풍습이 있었다. 이는 심장에서 가장 먼 발바닥을 때려 자극을 줌으로써 혈액 순환을 돕고, 생식기계의 반사구에 자극을 가해 자손을 많이 낳고 잘 살라는 기원이 깃들어 있는, 우리나라 고유의 발 반사요법이라 할 수 있다.

또한 우리나라의 민간요법에 관한 문헌을 찾아보면 세종대왕께서 당뇨병으로 인한 풍기와 소갈증이 있었으며, 이밖에도 신장염, 방광염, 관절염, 안질, 피부염, 천식 등을 앓았다고 한다. 이에 세종대왕은 평소 버선 속에 콩을 넣고 다니며 발을 자극해 질병 치료의 효과를 보았다고 한다.

동의보감에 보면 "사지의 병은 머리나 몸통에서 치료하고, 머리나 몸통의 병은 사지에서 치료한다."는 말이 있다. 발에 있는 반사구를 자극하면 그에 대응하는 인체 각 장기의 기능과 기혈을 조절해 체내의 정기와 면역력을 기를 수 있으며 질병을 예방하고 자연치유력을 높일 수 있다.

발혈치유란 무엇인가

성경에서 배우는 발 건강학

인간은 직립보행을 하기 때문에 음식이나 호흡을 통해 생긴 체내의 노폐물들이 중력에 의해 맨 밑에 있는 발로 내려오게 된다. 우리 몸의 건강을 유지하려면 이런 노폐물을 바로바로 체외로 배출해야 하는데, 그러기 위해선 몸을 활발히 움직여 운동을 해야 한다. 운동을 하면 발로 내려간 피를 몸의 무게를 이용해 펌프질해서 심장으로 밀어올려 주므로 혈액순환이 원활해진다. 뿐만 아니라 온몸의 혈관에 산소와 영양분이 공급되고 노폐물을 신장까지 운반해 몸 밖으로 내보내게 된다.

그런데 현대인들은 문명의 이기로 인해 가까운 거리도 차를 타고 다니고, 계단을 오르는 게 힘들어 엘리베이터를 타고 다닌다. 바쁘다는 핑계로 잘 걷지도 않고 운동과 멀어지다 보니 발에서 혈액을 펌프질하는 일이 줄어들고, 그러다 보니 혈관의 청소를 도와주는 여러 가지 호르몬들이 그 능력을 잃어가게 된다. 그래서 현대인들은 외형적으로는 건강해 보이지만 고혈압, 고지혈증, 당뇨, 비만 등의 성인병으로 건강이 위협받고 있다.

발혈치유사가 되어 본격적으로 발을 만지기 전, 성경을 읽다가 의문이 났던 부분이 있다. 과학과 의학이 눈부시게 발달한 오늘날, 현대인들의 평균 수명은 80세 전후이다. 그런데 창세기 5장을 보면 무드셀라가 969세까지 살았다고 한다. 환경오염하고는 거리가 먼, 깨끗한 자연환경에서 살았다고는 해도 지금에 비하면 말도 못하게 척박하고 미개한 생활을 했을 텐데, 어떻게 거의 천 년 가까이 살 수 있었을까? 더구나 그 옛날에는 병에 걸려도 제대로 된 치료조차 못 받았을 텐데 어떻게 그런 일이 가능했을까?

해답을 찾기 위해 성경을 구석구석 들여다보다 내 나름의 결론을 내렸다. 그것은 그들이 '맨발'로 부지런히 '걸어다녔다'는 것이다. 맨발로 다니면 발 반사구가 자연스럽게 자극을 받아 병이 치유될 수 있다. 예를 들어 간장이 나빠졌을 경우 오른발에 있는 간장의 반사구가 돌이나 나무들을 밟을 때마다 자극받았을 것이고 그로 인해 자연치유가 이루어졌을 것이다.

창세기에 보면 하나님은 호렙산을 찾은 모세에게 "네 발에서 신을

발혈치유란 무엇인가

벗으라."고 명령하셨다. 그 후 모세는 120세까지 살면서 눈이 흐리지 않고 기력도 쇠하지 않았다고 한다. 모세가 호렙산에서 하나님의 명령을 받은 이후로도 쭉 신을 벗고 살았는지에 대해 정확히 언급된 구절은 없지만 아마도 그러지 않았을까 추측해 본다. 무엇보다도 모세는 40년간 광야길을 걸었고 그것이 건강과 장수의 비결이었으리라.

모세와 예수님은 성경에 나타난 보행 건강학의 대표적인 모델이다.

내가 성경에서 발견한 발 건강학의 모델 중 가장 돋보이는 분은 바로 예수님이시다. 자신의 생을 마감하면서 "다 이루었다."고 자신 있게 말할 만큼 생의 목표를 100% 달성한 예수님은 누구보다도 사명 완수에 투철했고, 그러기 위해 최상의 건강이 필요했다. 그렇다면 예수님께서는 어떻게 건강을 관리하셨을까? 공생애 3년 동안 그처럼 엄청난 사역을 감당할 수 있었던 비결은 무엇일까? 하나님의 아들이신 예수님께서 무슨 건강관리가 필요하냐고 반문하는 사람들이 있을지도 모른다. 그러나 "우리의 연약함을 체휼하지 아니하는 자가 아니요 우리와 한결같이 시험을 받는 자"[히4:15]인 예수님이 건강의 측면에서만 인간 아닌 로봇이었을 리 없다.

예수님은 공생애 3년 동안 갈릴리와 예루살렘을 몇 번씩이나 오가는 천 리 길 행군을 반복하며 걷고, 또 걸었는데 바로 이 '걷기'가 건강관리의 비결이었다. 하나님은 인간에게 병이 생기면 단지 걷기를 통해서 병이 나을 수 있게 만드셨고, 예수님께선 그걸 누구보다 잘 알고 계셨던 것이다.

하나님의 오묘한 섭리를 알기 위해서라도 하나님이 애초에 창조하셨던 모습 그대로인 맨발로 걸어보라고 권하고 싶다. 여건상 평소에 맨발로 다닐 수는 없지만 잠시 시간을 내어 부드러운 흙이나 모래 위를 걸으며 발에 자유를 줘도 좋을 것이다.

발혈치유란 무엇인가

현대의학이 인정한 발마사지 효과

얼마 전 KBS 〈생로병사의 비밀〉에서 연세대학교 의료진들에게 발을 자극하면 혈액순환이 얼마나 잘 되는지 조사를 의뢰했는데 그 결과가 놀라웠다. 여자의 경우 초당 12.5cm였던 혈액의 속도가 발을 자극한 후 초당 19cm로 늘어난 것이다. 남자의 경우는 더 놀라웠다. 발을 자극하기 전에는 초당 14cm였던 혈액의 속도가 발을 자극한 후에는 초당 22cm로 늘어났는데 평상시의 49%가 상승한 셈이다.

발마사지로 혈액순환을 좋게 하면 수족냉증 등의 각종 부인병이 해소되는 것은 물론 인체의 면역기능이 강화되어 자연치유력이 높아진다고 한다. 그뿐이 아니다. 발바닥을 눌러 주면 7,000여 개의 신경이 연결되어 신경반사작용이 일어나는데, 이 반사작용이 전신의 경락과 연결되어 신체리듬이 활성화되고 신경의 피로가 회복됨으로써 우리 몸에 재생력을 길러 준다. 발의 배부인 발등에는 모세혈관이 30억 개 이상 분포되어 있어서 이곳을 마사지하면 모세혈관작용을 통해 침전물이 다리 정맥으로 흐르고, 정맥에서 다시 신장으로 모여 발에 쌓여 있던 각종 노폐물과 침전물, 요산 등의 해로운 물질이 걸러짐으로써 피가 맑아진다.

또한 발마사지를 받으면 내분비 계통이 활성화되어 신진대사가 촉진되고, 두뇌 건강, 능률 향상, 스트레스와 만성피로 해소를 돕는다. 또한 정서적으로도 안정되어 신경성질환이 호전될 수 있다. 발마사지를 주기적으로 꾸준히 받게 되면 혈중 콜레스테롤이 저하되면서 비만, 고혈압, 당뇨와 같은 각종 성인병에도 긍정적인 치료효과를 기대할 수 있다.

아울러 발마사지를 받게 되면 발 관리에 더 많은 관심을 기울여 체계적으로 건강관리를 할 수 있는 장점이 있다. 발에 굳은살, 티눈, 무좀이 생겼을 때 그저 흔한 트러블이라고 가볍게 넘겨서는 안 된다. 발에 생기는 트러블은 몸에 이상이 생겼음을 알려 주는 붉은 신호등이다. 발꿈치가 거칠어졌다거나, 발가락이 휘었다거나, 발목이 뻐근하다면 우리 몸에 이상이 생겼다는 신호이므로 주의를 기울여야 한다.

발마사지는 일반인도 쉽게 접근할 수 있는 가장 대중적인 자연치유요법의 하나다. 만지는 부위가 좁아 그다지 힘들거나 부담스럽지

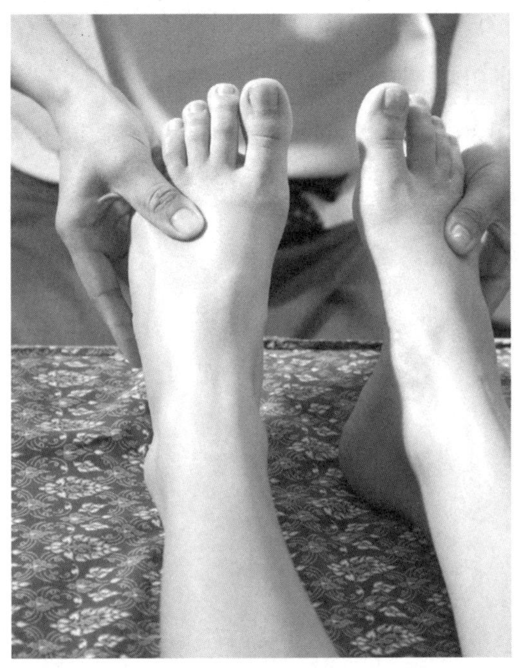

발마사지를 받게 되면 발 관리에 더 많은 관심을 기울여 체계적으로 건강관리를 할 수 있는 장점이 있다.

않고, 또 조금만 만져도 쉽게 이완이 된다. 원리가 간단하고 방법이 단순해 누구나 쉽게 배울 수 있으며 아무나 만져도 거의 똑같은 치유 효과가 나타나기 때문이다.

마사지가 어렵다면 발을 42~44℃ 정도의 따뜻한 물에 10~15분 동안 담그는 족욕을 하는 것도 좋다. 족욕은 혈액순환을 촉진해 근육을 풀어주는 효과가 있다.

여건이 되면 가끔 모래나 흙 위를 맨발로 걷는 것도 큰 도움이 된다. 항상 신발을 신고 다니는 현대인은 일정한 신발 모양 때문에 체중

부하를 받는 부위가 일정하기 마련이다. 그런데 맨발로 모래나 흙 위를 걸으면 평소 체중 부하가 안 되던 부위의 근육을 골고루 사용할 수 있다. 그러나 발에 상처가 있거나 당뇨가 있어 발 감각이 저하된 경우에는 뜨거운 모래에 화상을 입을 수 있으므로 맨발로 걷는 것은 금물이다.

발혈치유란 무엇인가

발 반사구 알아보기

① 신장

혈액 중에서 오줌을 걸러 내어 방광으로 보낸 다음 몸 밖으로 내보내는 작용을 한다. 복강 뒷벽 상부에서 척추의 양쪽에 잠두 모양을 이루어 좌우 한 쌍이 있는데, 피질 및 수질로 되고 지방이 풍부한 결체조직으로 싸여 있다. 반사구의 위치는 부신의 바로 아래 지점.

- 반사구 마사지 효과 : 고혈압, 동맥경화, 정맥류, 부종, 신장 결석, 신장염, 요도염, 류머티즘, 신장 기능 장애, 관절염, 유주신 등의 질병 예방 및 자연 치유력 증진

② 수뇨관

신장에서 보내는 가늘고 긴관으로 요관, 혹은 오줌관이라고 한다. 반사구의 위치는 신장과 방광 연결 부위.

- 반사구 마사지 효과 : 고혈압, 동맥경화, 정맥류, 부종, 신장 결석, 신장염, 요도염, 류머티즘, 신장 기능 장애, 관절염, 유주신 등의 예방 및 자연치유력 증진

③ 방광

비뇨기의 하나로 수뇨관을 경과하며 양측의 신장으로부터 흘러내리는 오줌을 일단 저장하여 두는 주머니 모양의 기관. 오줌이 요도를 통과하여 체외로 배설된다. 반사구의 위치는 발의 안쪽 복사뼈에서 아래로 연장된 발바닥 안쪽 지점.

- 반사구 마사지 효과 : 배뇨불량, 방광염, 방광결석, 신장결석, 동맥경화, 고혈압, 수뇨관결석 등의 질병 예방 및 자연치유력 증진

④ 요도

오줌이 방광에서 몸 밖으로 나오는 길. 반사구의 위치는 발의 안쪽 복사뼈 밑.

- 반사구 마사지 효과 : 요도염, 냉, 배뇨곤란, 요도발열, 여성냉증, 오줌싸개, 요실금, 부종, 류머티즘 예방 및 자연치유력 증진

발혈치유란 무엇인가

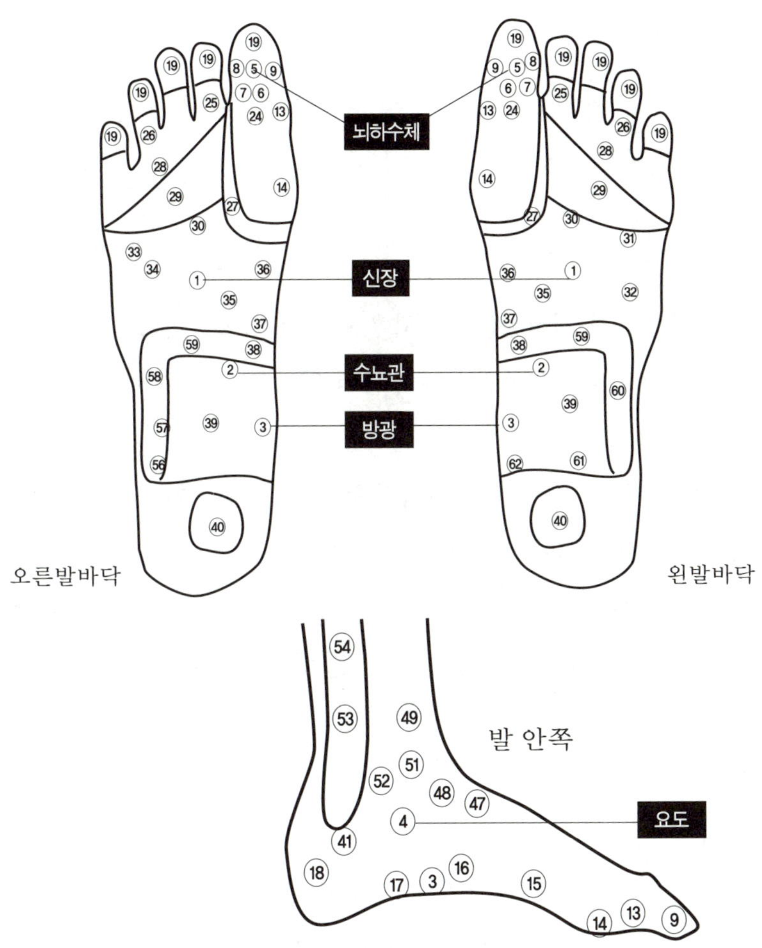

⑤ 뇌하수체

간뇌의 밑에 있는 내분비선의 하나. 일반적으로 전엽, 중엽, 후엽의
세 부분으로 되어 있고, 생식과 발육에 밀접한 관계가 있다. 반사구의

위치는 엄지발가락 중심 부분.

- 반사구 마사지 효과 : 호르몬분비 불균형, 자율신경 · 내분비기능실조, 발육 부진, 불감증, 마른 체격 개선 및 자연치유력 증진

⑥ 대뇌

뇌의 대부분을 차지하는 부분. 좌우 반구와 양쪽을 연결하는 섬유 다발로 되어 있으며, 표면에 많은 주름이 있다. 신경계통 전체의 중추적 작용을 하며, 고등동물일수록 잘 발달되어 있다. 대뇌피질이라고도 하며 정신작용, 지각, 운동, 기억력 등을 맡은 중추가 분포되어 있다. 반사구의 위치는 엄지발가락 가운데 전체 면.

- 반사구 마사지 효과 : 두통, 편두통, 기억력, 고혈압, 뇌졸중, 현기증, 불면증, 뇌성마비, 뇌혈전, 시각장애 예방 및 자연치유력 증진

⑦ 소뇌, 뇌간

1. 소뇌

대뇌의 아래 연수의 뒤에 있는 타원형의 뇌수의 한 부분. 상하의 반월엽, 중심엽, 방형엽으로 나누어지고, 표면에 소뇌구, 소뇌회전 등의 가는 홈이 있다. 몸의 평균운동을 조절하는 작용을 하며, 신속한 운동을 하는 동물일수록 잘 발달되어 있다.

2. 뇌간

뇌수 가운데에서 대뇌 반구와 소뇌를 제외한 부분. 간뇌, 뇌수, 연수

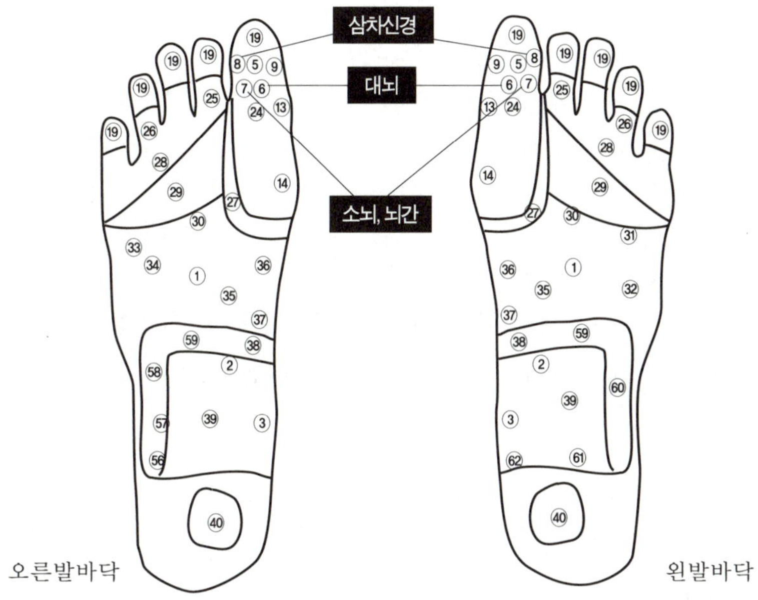

가 이에 속한다. 반사구의 위치는 엄지발가락 뿌리의 안쪽 끝 지점.

● 반사구 마사지 효과 : 자율신경실조증, 불면증, 고혈압, 현기증, 뇌진탕 등의 예방 및 자연치유력 증진

⑧ 삼차신경

뇌신경 중에 가장 거대한 제5뇌신경. 안면의 피부, 비강 및 구강 점막, 이것들이 분포한 지각성의 신경과 저작근 등에 분포한 운동성의 신경으로 이루어졌는데, 연수에서 시작하여 안 신경, 상악 신경, 하악 신경의 세 갈래로 나뉜다. 반사구의 위치는 엄지발가락 옆면에서 발끝

중앙까지.

● 반사구 마사지 효과 : 안면신경통, 편두통, 유행성이하선염, 불면증, 두통,
볼 · 입술 · 코의 유발성신경통 등의 예방 및 자연치유력 증진

⑨ 코

오관기의 하나로 숨쉬기와 냄새 맡는 역할을 하며 발성을 돕는 중요
한 기관이다. 반사구의 위치는 엄지발가락 바깥쪽 옆면.

● 반사구 마사지 효과 : 비염, 축농증, 구취, 잇몸염증, 만성 · 급성비염, 알레
르기성 비염, 종양 등의 예방 및 자연치유력 증진

⑩ 위턱

상악골. 두개골의 한 부분으로 입천장을 구성하고 있는 한 쌍의 뼈.
중앙부를 체라 하고, 체의 내부의 공동을 상악두라고 한다. 체에는 전
두 돌기, 구개 돌기 등 네 개의 돌기가 있다. 반사구의 위치는 엄지발
가락의 발톱 바로 아래.

● 반사구 마사지 효과 : 치통, 구취, 잇몸염증, 코골이, 치주염 등의 예방 및
자연치유력 증진

⑪ 아래턱

하악골. 아래턱을 이루는 뼈. 말굽 모양으로 구부러지고, 다른 뼈와
떨어져 있으며 위에 이틀이 있다. 반사구의 위치는 엄지발가락의 발

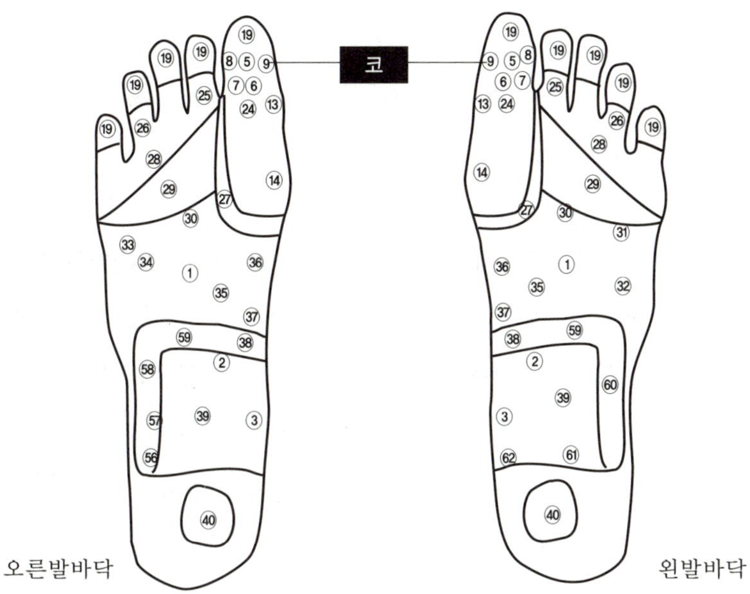

톱 바로 아래.

- 반사구 마사지 효과 : 치통, 구취, 잇몸염증,
  코골이, 치주염 등의 질병 예방 및 자연치유
  력 증진

⑫ 편도선

구강 안쪽 인두와의 경계에 있는 한 쌍의
타원형 융기. 비대되면 호흡 · 수면장애 등
을 초래한다. 반사구의 위치는 엄지발가락

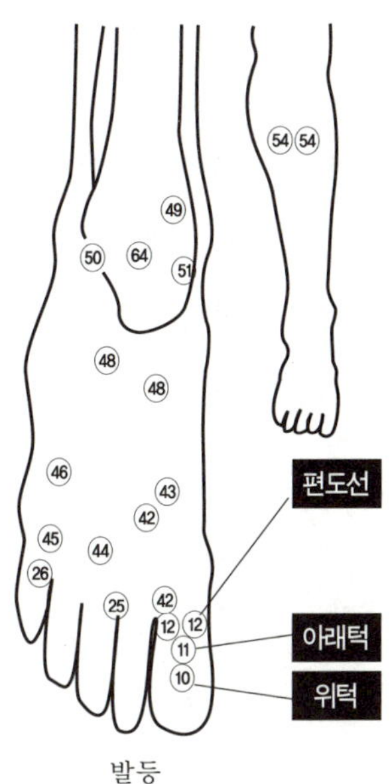

의 등쪽 오목한 곳.

  ● 반사구 마사지 효과 : 편도비대, 편도염 등의 예방 및 자연치유력 증진

⑬ 경추

일곱 개의 등골뼈로 된 척추의 맨 윗부분으로 머리뼈와 등뼈 사이에 있다. 경추 속에 있는 척수강으로는 뇌에서 사지로 전달하는 운동신경, 사지와 몸통 각 기관에서 뇌로 전달하는 감각신경들이 척수로 되어 지나간다. 경추 앞쪽으로는 심장박동·호흡·소화기능을 조절하는 자율신경, 양쪽에는 대뇌에 혈액을 공급하는 동맥이 지나간다. 반사구의 위치는 엄지발가락 바깥쪽의 제1관절 부위.

  ● 반사구 마사지 효과 : 두통, 구토, 요통, 천식, 자율신경실조증, 목 부위 결림, 목 디스크 등의 질병 예방 및 자연치유력 증진

⑭ 부갑상선

갑상선의 뒤에 있는 몇 개의 작은 입상의 선. 혈액 속의 칼슘 이온의 양을 조절하는 역할을 한다. 반사구의 위치는 엄지발가락 두 번째 뼈마디의 바깥쪽.

  ● 반사구 마사지 효과 : 갑상선기능저하증, 수족마비, 간질병, 수전증, 불면증 등의 예방 및 자연치유력 증진

발혈치유란 무엇인가

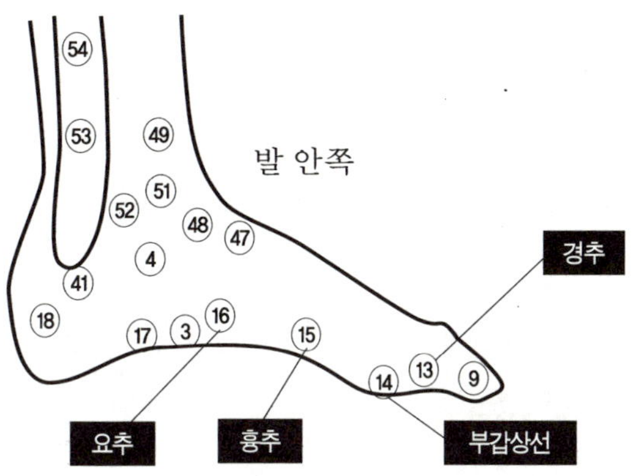

⑮ 흉추

가슴 부위에 해당하는 척추로 12개로 구성되어 있으며, 전체적인 모습은 등쪽으로 볼록하다. 흉추는 경추보다는 크나 요추보다는 작고, 상위에서 하위로 갈수록 커진다. 반사구의 위치는 발 안쪽의 볼록 튀어나온 관절 아래.

- 반사구 마사지 효과 : 디스크, 허리 통증, 흉추염증 등의 예방 및 자연치유력 증진

⑯ 요추

척추를 구성하는 추골 중의 하나로 흉추에 잇따라 천추의 위에 있다. 반사구의 위치는 흉추 반사구의 아래 부위로 복사뼈 바로 아래까지.

- 반사구 마사지 효과 : 디스크, 골다공증, 허리 통증, 요추돌기, 요추질환 예방 및 자연치유력 증진

⑰ 선골, 미골

1. 선골

신선의 골격이라는 뜻으로, 비범한 골상骨相을 이르는 말. 반사구의 위치는 요추 반사구의 아래.

● 반사구 마사지 효과 : 골다공증, 좌골신경통, 척수염, 미골손상 등의 질병 예방 및 자연치유력 증진

2. 미골

등뼈의 가장 아랫부분에 있는 뾰족한 뼈. 사람의 경우 대개 4개의 꼬리뼈 분절이 붙어서 이루어져 있다. 반사구의 위치는 요추반사구의 아래.

● 반사구 마사지 효과 : 골다공증, 좌골신경통, 척수염, 미골손상 등의 질병 예방 및 자연치유력 증진

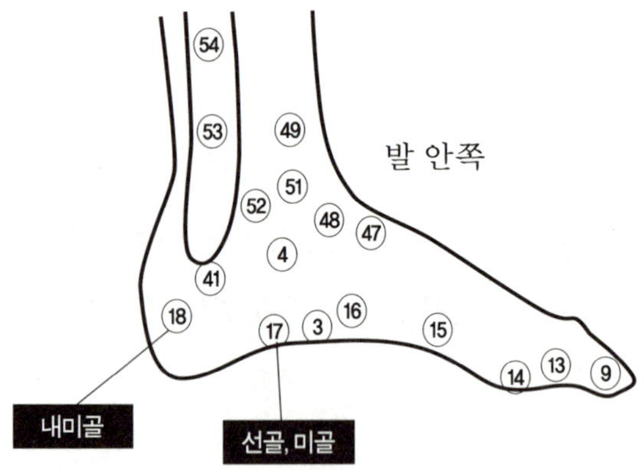

발혈치유란 무엇인가

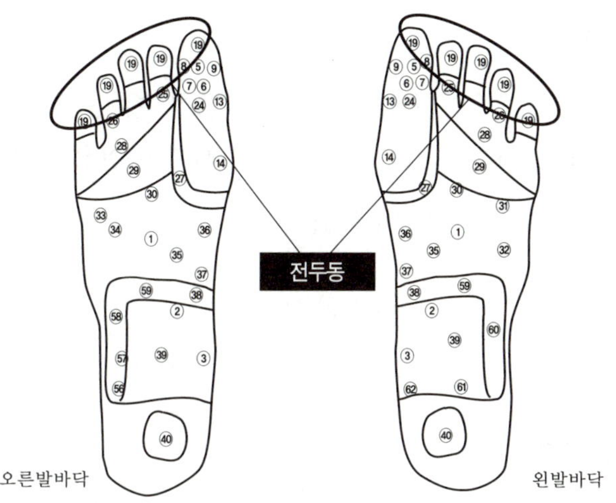

18 내미골

척추의 맨 아랫부분에 있는 내측뼈. 원래 퇴축적인 3~5개의 미추가 유착한 것. 반사구의 위치는 요추반사구의 안쪽 아래.

- 반사구 마사지 효과 : 좌골신경통, 미골 손상 등의 예방 및 자연치유력 증진

19 전두동

두개의 전두부를 형성하여 뼈와 눈썹을 올리고 이마의 주름을 나타내는 작용을 하는 머리 전면의 근육. 반사구의 위치는 다섯 발가락의 맨 끝부분.

- 반사구 마사지 효과 : 코골이, 건망증, 치매, 축농증, 두통, 뇌진탕, 뇌졸중, 불면증 등의 질병 예방 및 자연치유력 증진

㉒ 어깨관절

위팔뼈와 어깨뼈 사이의 관절로, 우리 몸에서 움직임이 가장 자유롭다. 다른 말로는 견관절이라고도 한다. 반사구의 위치는 발 바깥쪽의 새끼발가락 아래 튀어나온 뼈 부위.

- 반사구 마사지 효과 : 어깨 관절염, 어깨 결림, 손이 저리고 마비가 오는 것 예방

㉑ 팔꿈치 관절

세 개의 뼈와 세 개의 관절로 이루어져 있고, 많은 신경과 동맥이 뼈 대 가까이 지나고 있다. 반사구의 위치는 발 바깥쪽의 새끼발가락 아래 튀어나온 뼈 부위.

- 반사구 마사지 효과 : 근육통, 팔꿈치 염증, 팔꿈치 통증 등의 예방 및 자연치유력 증진

㉒ 무릎관절 (슬관절)

무릎을 구부렸다 폈다 할 때 사용하는 관절. 반사구의 위치는 발 바깥쪽 복사뼈 아래.

- 반사구 마사지 효과 : 퇴행성 관절염, 류머티즘성관절염, 무릎 통증, 염증 등의 예방 및 자연치유력 증진

발혈치유란 무엇인가

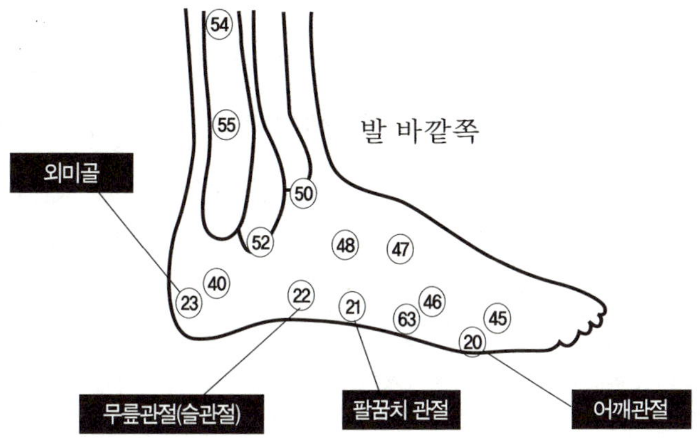

㉓ 외미골

척추의 맨 아랫부분에 있는 외측뼈. 원래 퇴축적인 3~5개의 미추가 유착한 것. 반사구의 위치는 무릎관절 반사구의 아래.

- 반사구 마사지 효과 : 좌골신경통, 미골손상 등의 예방 및 자연치유력 증진

㉔ 목

머리와 몸통을 잇는 잘록한 부분. 반사구 위치는 엄지발가락의 뿌리 전체.

- 반사구 마사지 효과 : 어깨 결림, 목 통증, 후두염, 인두염, 호흡 장애, 천식, 감기, 급성인두염, 기관지 확장 등의 질병 예방 및 자연치유력 증진

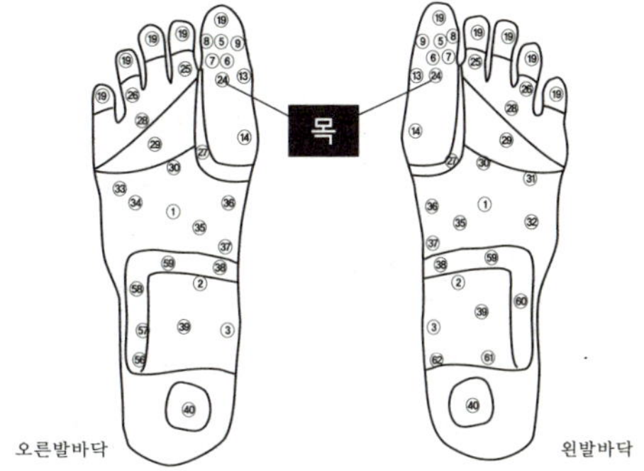

㉕ 눈

빛의 자극을 받아 물체를 볼 수 있는 감각기관으로, 동공에서 비쳐 들어온 광선이 망막에 받아들여져 시신경에 자극을 주고, 이것이 대뇌 피질에 전해져서 물체를 볼 수 있게 한다. 반사구의 위치는 둘째, 셋째 발가락 중앙에서 뿌리까지.

- 반사구 마사지 효과 : 결막염, 근시, 백내장, 각막염, 노안, 충혈 등의 예방 및 자연치유력 증진

㉖ 귀

오관의 하나로 얼굴의 좌우에 있어 청각을 맡은 기관. 고등동물에 있어서는 외이, 중이, 내이의 세 부분으로 나뉘는데 외이는 귓바퀴와 외청도와 중이 사이의 고막에 있다. 내이에는 와우각과 전정부와 삼반규관이 있다. 고막이 공기의 진동을 전하며 중이의 여러 기관을 통하여 내이에 이르러 청신경을 자극한다. 반사구의 위치는 넷째 발가락과 새끼발가락 중간에서 뿌리까지.

- 반사구 마사지 효과 : 중이염, 외이명, 이명, 멀미, 난청, 외이습진, 멀미, 어지럼증 등의 예방 및 자연치유력 증진

㉗ 갑상선

심장 박동수를 일정하게 유지시키고 체내의 산소량을 조절한다. 특히 비만에 특효가 있는 반사구로, 티록신이란 갑상선 호르몬을 분비하여

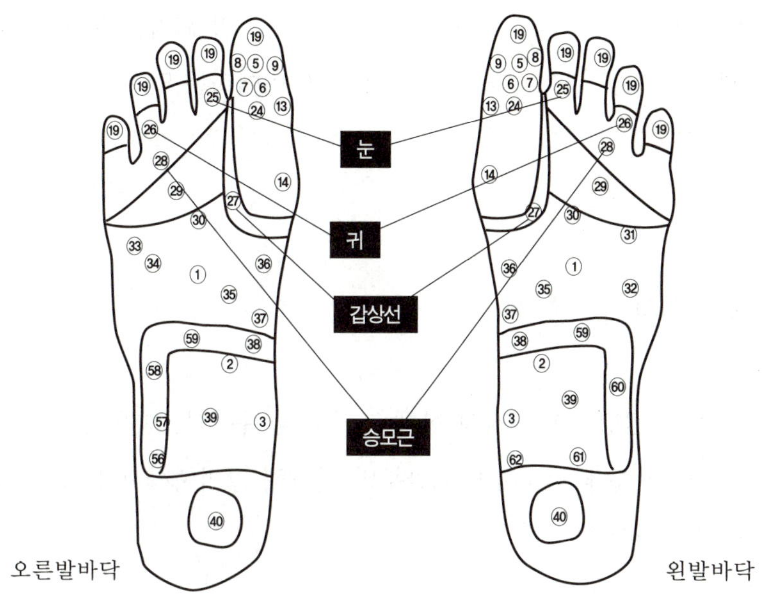

체내의 물질대사를 높이며, 그 결과 신체의 성숙을 촉진한다. 반사구의 위치는 엄지발가락 아래 볼록한 곳에서 첫째, 둘째 발가락 사이 끝까지.

● 반사구 마사지 효과 : 부정맥, 비만, 불면증, 발육부진, 갑상선비대증, 야윔, 수전증, 발한 등의 예방 및 자연치유력 증진

㉘ 승모근

등의 한가운데 선에서 시작하여, 다른 근육과 함께 어깨의 양쪽 뼈를 움직이는 삼각형의 근육. 삼각근이라고도 하며 목이 저리고 아플 때

목 반사구와 같이 자극하면 효과적이다. 반사구의 위치는 둘째 발가
락 아래 뿌리에서 새끼발가락 아랫부분까지 이어지는 면.

㉙ 폐, 기관지

1. 폐

호흡 기능을 담당하며 심장과 함께 잠시도 쉴 수 없는 중요한 기관이
다. 가슴의 앞쪽에 위치하며 쇄골부터 시작해 갈비뼈까지 흉강의 대
부분을 차지한다.

2. 기관지

사람의 호흡기를 이루고 있는 부분으로 기관에서 양쪽 폐로 갈라져서
폐의 입구까지 이르는 관을 말한다. 호흡된 공기를 폐로 보내는 통로
의 역할을 한다. 반사구의 위치는 둘째발가락에서 새끼발가락 아래의
볼록한 부위. 승모근 반사구 아래.

㉚ 부신

사람에서 좌우 신장 위에 한 쌍 있는 내분비 기관으로 생명유지에 중
요한 내분비선이다. 좌측은 반달형, 우측은 편평한 삼각형으로 포유

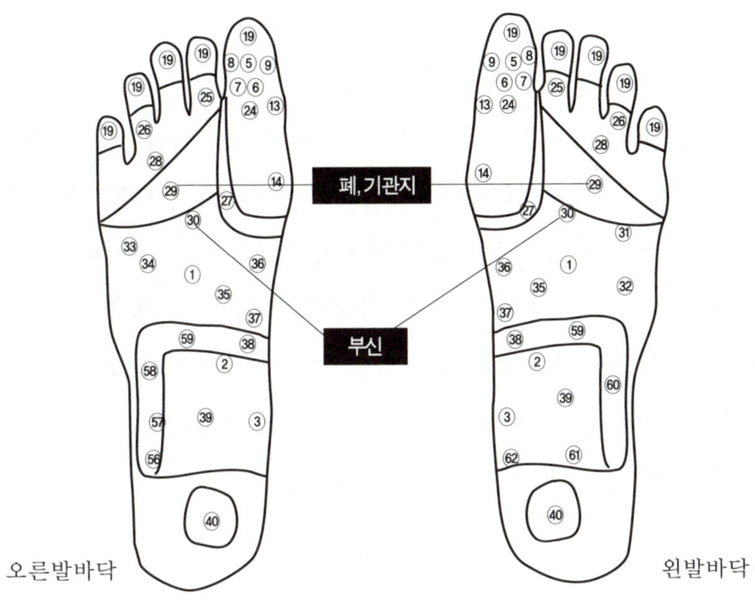

류에서는 보통 신장의 앞쪽에 위치하고 있으나 사람에서는 신장 위쪽
에 밀착하여 존재한다. 수질과 그것을 둘러싸고 있는 피질로 이루어져
있으며 피질은 생명유지에 없어서는 안 될 코르틴질을, 수질은 아드레
날린을 분비한다. 또한 미네랄과 성호르몬, 생장호르몬을 조절하는 역
할을 한다. 반사구의 위치는 둘째, 셋째발가락 사이 용천혈 지점.

● 반사구 마사지 효과 : 의식불명(졸도), 스트레스, 부정맥, 종양, 고혈압, 류머
  티즘성관절염, 기관지 천식, 다모증, 부신 기능부전, 하체 쇠약, 다리 경련
  등의 예방 및 자연치유력 증진

(31) 심장

혈액을 순환시키는 원동력이 되는 순환계의 중추기관으로, 주기적인 수축과 이완을 되풀이함으로써 혈액을 온몸에 공급하는 펌프 역할을 한다. 심장의 무게는 성인이 약 350~600g으로 남자가 여자보다 약간 더 무겁다. 사람의 심장을 나란히 붙어 있는 이층집 두 채로 비유하면, 오른쪽 집은 온몸을 돌고 온 정맥피가 들어와서 폐로 보내지는 곳이고, 왼쪽 집은 폐로부터 산소가 많은 신선한 동맥피가 들어와서 온몸으로 보내지는 곳이라고 생각하면 된다. 반사구의 위치는 왼발 넷째, 새끼발가락의 볼록한 부분의 아래 지점.

- 반사구 마사지 효과 : 숨이 참, 부정맥, 협심증, 심근경색, 심장 쇠약, 심부전증, 순환기 계통의 질환 예방 및 자연치유력 증진

(32) 비장

횡격막과 왼쪽 신장과의 사이에 있는 장기로, 혈액 중의 세균을 죽이고 늙어서 기운이 없는 적혈구를 파괴한다. 반사구의 위치는 왼발의 심장 반사구 약간 오른쪽 아래.

- 반사구 마사지 효과 : 빈혈, 구토, 근육 경련, 식욕부진, 감기, 발열, 바이러스, 피부병, 소화불량 등의 예방 및 자연치유력 증진

(33) 간장

내장의 하나로 뱃속의 오른편 위쪽 횡격막 아래에 있어 위를 반쯤 덮

발혈치유란 무엇인가

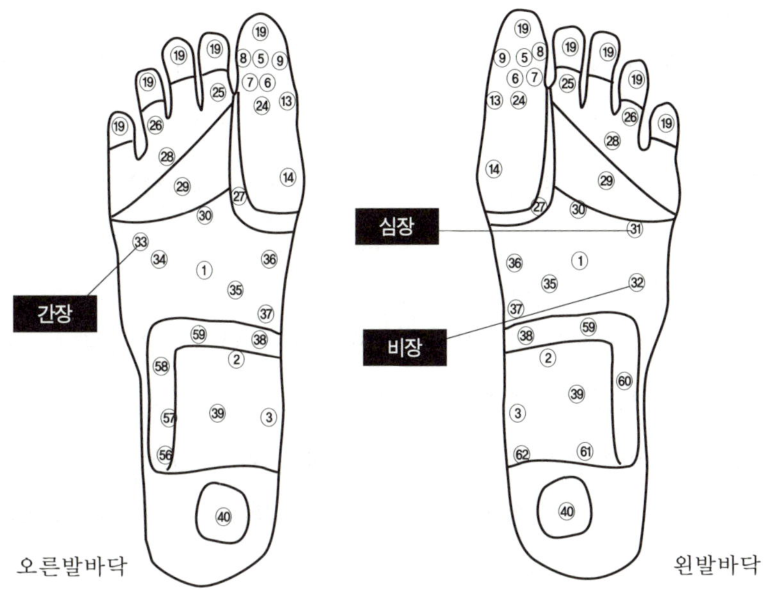

은 암적갈색의 소화선으로, 좌우 두개의 간엽으로 되어 있고, 가운데에 쓸개가 붙어 있다. 쓸개즙의 분비를 도와주고, 양분의 저장소로서 탄수화물을 글리코겐으로 만드는가 하면, 요소의 생성, 해독 작용 등에 관여한다. 반사구의 위치는 오른쪽 발바닥의 넷째, 새끼발가락의 볼록한 살 아래.

● 반사구 마사지 효과 : 만성피로, 간장 장애, 간장 질환, 간염, 간경화, 담결석 등의 예방 및 자연치유력 증진

㉞ 담낭

간에서 분비된 쓸개즙을 저장하는 주머니. 반사구의 위치는 오른쪽 발바닥의 넷째, 새끼발가락의 볼록한 살 아래.

- 반사구 마사지 효과 : 담석, 소화불량 예방 및 자연치유력 증진

㉟ 복강신경총

명치라고도 하는 이곳은 뇌와 신경 사이에서 교환되는 정보를 복부의 모든 기관에 보내는 역할을 한다. 위로는 횡격막으로써 흉강과 접하고 아래로는 골반강에 통하였으며 이 속에는 위장, 간장, 췌장, 신장, 방광, 난소, 자궁 등이 들어 있다. 반사구의 위치는 발가락 아래 볼록한 살의 밑부분.

- 반사구 마사지 효과 : 스트레스, 소화기 이상, 소화기 계통의 신경성 질병, 설사, 위경련, 딸꾹질, 가슴 답답증 등의 예방 및 자연치유력 증진

㊱ 위

내장의 식도와 장 사이에 있는 주머니 모양의 소화 기관. 식도를 통해서 들어온 음식물을 연하게 만들어 염산을 함유한 위액을 분비해 음식물을 산성으로 변화시킴과 동시에, 펩신이라는 효소를 내어 단백질을 펩톤으로 삭이는 일을 한다. 반사구의 위치는 엄지발가락 두 번째 뼈마디 부분의 볼록한 살 밑 지점. 갑상선 반사구의 아래.

- 반사구 마사지 효과 : 위궤양, 위하수, 위통, 구토, 위염 등의 예방 및 자연

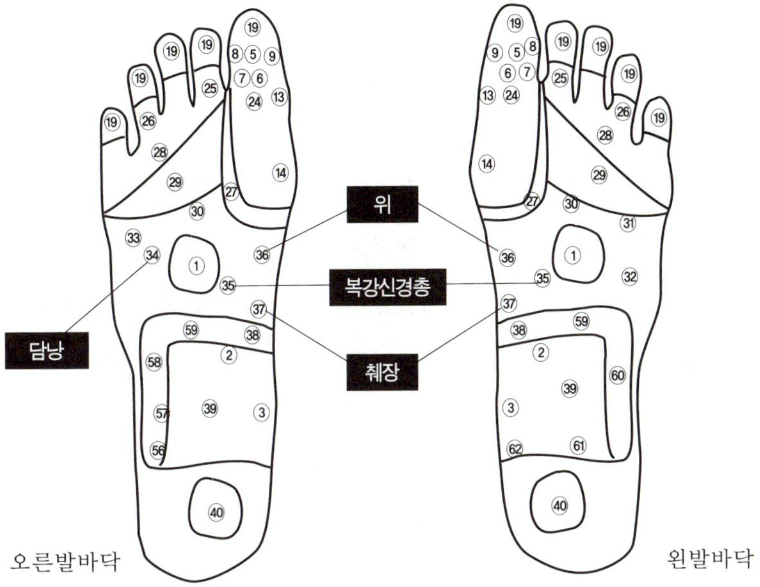

치유력 증진

㊲ 췌장

위 및 간장 부근 복막 밖에 있는 길이 약 15cm의 암황색의 기관으로, 체내의 혈당 농도를 조절하며 음식물의 소화와 영양소로의 전환을 돕는다. 하루 약 500~800cc의 췌액을 분비하여 췌관에 의해서 십이지장으로 보낸다. 반사구의 위치는 엄지발가락과 발꿈치 사이의 중간 부분. 위 반사구 아래.

- 반사구 마사지 효과 : 당뇨, 소화기 계통의 기능장애, 급 · 만성 췌장염 등의

㉚ 십이지장

소장의 일부로서 위의 유문에 접하며 소장이 시작되는 부분이다. 12개의 손가락 너비를 합친 길이만 하다 하여 십이지장이라고 이름 지어졌으나 실제의 길이는 25~30cm다. 수담관과 췌관이 개구하여 소화작용에 필요한 담즙 및 췌액이 주입된다. 반사구의 위치는 췌장 반사구 아래.

● 반사구 마사지 효과 : 십이지장궤양, 소화불량, 복부 팽만, 십이지장 관련 질환 등의 예방 및 자연치유력 증진

㊴ 소장

위에서 시작하여 대장에 이르는 관상의 구부러진 소화기. 길이가 6~7m이고 근질막과 점액막으로 이루어지며, 안쪽의 점액막에는 융모가 있어 장액을 분비하여 소화작용을 하고 영양분을 핏속으로 빨아들이는 일을 한다. 반사구의 위치는 발바닥의 중앙 약간 아래쪽.

● 반사구 마사지 효과 : 복통, 설사, 급 · 만성 장염, 영양실조, 소화기 계통의 질환 예방 및 자연치유력 증진

㊵ 생식선 (난소, 고환)

종족 보존을 위해 생식세포, 즉 난자와 정자를 만들어내는 기관이나

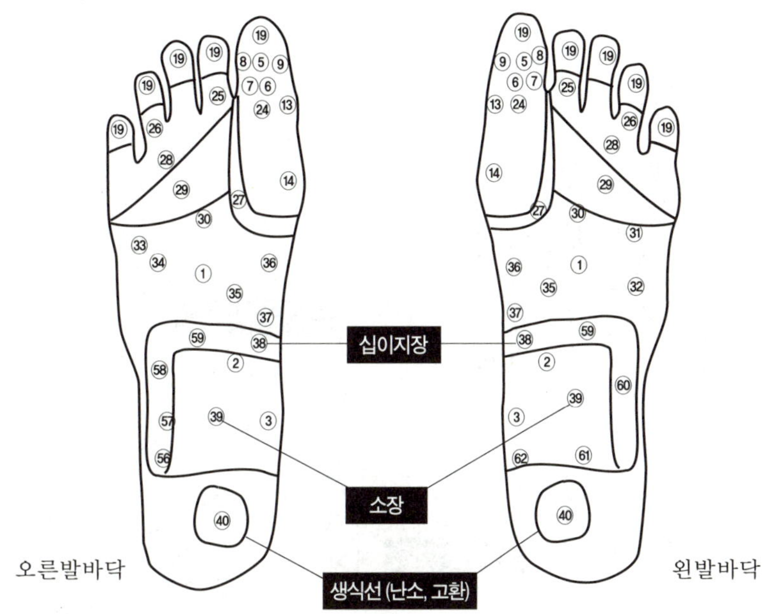

조직을 말한다. 여성의 경우는 난소에서, 남성의 경우는 고환에서 각
각 난자와 정자를 만들고, 호르몬을 분비해 신진대사와 발육 등에도
관여한다. 반사구의 위치는 발뒤꿈치 중앙 및 발 바깥쪽 복사뼈 아래.

● 반사구 마사지 효과 : 정력 감퇴, 불면증, 생리 불순, 생리통, 갱년기장애 등
   의 예방 및 자연치유력 증진

41 생식기(자궁, 전립선)

자궁은 여성의 생식기의 하나로, 아랫배 부분에 있는 속이 빈 기관이
다. 수란관의 일부가 발달하여 된 것으로, 일정한 기간 태아를 기르는

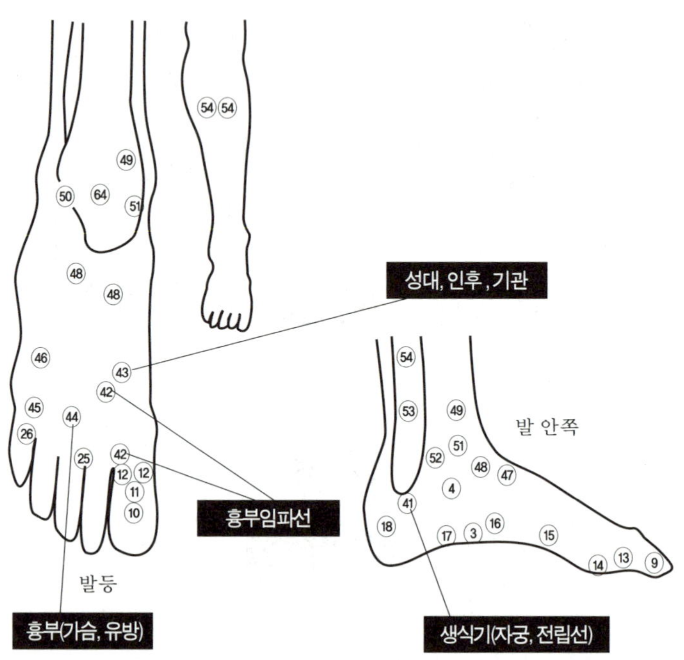

구실을 한다. 자궁의 벽은 근질로 되어 안쪽이 점막으로 덮어 있는데 수태란이 이곳에 착상해 임신하게 된다. 월경은 배란에 따라서 자궁 벽의 점막으로부터 나오는 정기적인 출혈이다.

전립선은 남성 생식기의 뒷부분에 있어 요도를 둘러싸고 있는 선 모양의 장기이다. 여기서 나오는 분비액은 정자의 운동을 활발하게 하는 작용을 한다. 반사구의 위치는 발의 안쪽 복사뼈 아래.

● 반사구 마사지 효과 : 남성의 전립선 비대, 전립선 염증, 배뇨 장애, 혈뇨,

발혈치유란 무엇인가

㉒ 흉부 임파선

가슴 부분에 있는, 림프가 흐르는 림프관 각체에 있는 둥근 조직으로
작은 것은 좁쌀만 하고 큰 것은 콩만하다. 목, 겨드랑이, 살 등에 특히
많으며, 이들의 조직은 세망 내피계에 속해 있어, 림프에 들어온 병원
균을 다른 데로 못 가게 잡아 놓는 역할을 한다. 반사구의 위치는 발
등의 엄지발가락과 검지발가락 사이.

- 반사구 마사지 효과 : 감기, 임파선 종양, 임파선염, 암, 저항력 저하 등의
  예방 및 자연치유력 증진

㉓ 성대, 인후, 기관

구강의 맨 안쪽의 식도와 기도로 통하는 곳으로 인후, 혹은 후문이라
고도 한다. 호흡 기능, 연하 시의 방어 기능, 발성 기능을 담당한다.
반사구의 위치는 발등의 엄지발가락과 검지발가락 사이.

- 반사구 마사지 효과 : 기관지염, 호흡기 질환, 목구멍 염증, 기침, 기관지염
  예방 및 자연치유력 증진

㉔ 흉부(가슴, 유방)

가슴은 골격, 장기, 근육 등의 여러 기관으로 이루어져 있고 내부에는

허파, 심장과 같은 순환기 기관이 있다. 남성과 여성 모두 가슴에 한 쌍의 유방이 있으나 성인 여성의 유방이 특히 발달하여 출산 후 유방에서 젖이 만들어진다. 반사구의 위치는 발등의 둘째, 셋째, 넷째 발가락 부위.

● 반사구 마사지 효과 : 유선암, 유방암, 흉부 압박감, 식도 관련 질환 등의 예방 및 자연치유력 증진

㊺ 평형기관

체위와 운동 방향을 감수하여 평형을 유지하게 하는 기관. 아침에 일어날 때 현기증이 나는 등의 저혈압 증세를 보이거나 멀미를 자주 하는 사람은 이 기능이 저하되어 있을 확률이 높다. 반사구의 위치는 발등의 넷째 발가락과 새끼발가락 사이.

● 반사구 마사지 효과 : 어지럼, 멀미, 귀 울림, 고혈압, 저혈압 등의 예방 및 자연치유력 증진. 눈이 침침하거나 갑자기 쓰러질 때도 효과 있다.

㊻ 견갑골

두 팔이 체간에 연결되는 골격의 일부를 이루는 뼈로 손과 팔의 움직임에 관여한다. 반사구의 위치는 발등 새끼발가락과 넷째 발가락 사이에서 발등 중앙까지.

● 반사구 마사지 효과 : 어깨 관절통, 견갑골통, 근육통, 오십견 등의 예방 및 자연치유력 증진

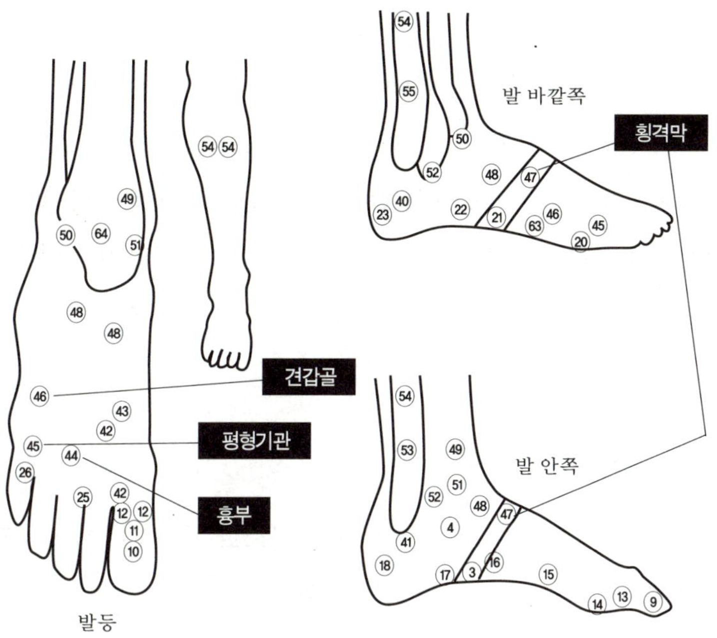

47 횡격막

복강(간, 담낭, 위, 췌장 등)과 흉강(심장, 폐, 기관, 식도) 사이에 있는 근육성의 막으로 가로막이라고도 한다. 윗면은 심장과 폐에, 아랫면은 위, 비장, 간장 등에 접한다. 횡격막 신경에 지배되어 수축, 이완하며 폐장의 호흡 작용을 돕는다. 반사구의 위치는 발등의 가로 부위.

● 반사구 마사지 효과 : 협심증, 딸꾹질, 복통, 헛배 부름, 가슴 답답증, 구토 등의 예방 및 자연치유력 증진

(48) 늑골

흉곽을 구성하는 뼈. 폐, 심장 등 가슴 부위의 내장기관들을 보호한
다. 좌우 12쌍이 있어 그 중 위의 일곱 쌍은 척추에서 몸의 양쪽으로
굽어 흉골에 붙고, 아래 다섯 쌍은 짧아 앞이 서로 떨어져 있다. 반사
구의 위치는 발등의 셋째, 넷째 발가락에서 발목 방향의 아래 부위.

- 반사구 마사지 효과 : 흉부 압박감, 늑골염, 옆구리 결림, 가슴 답답증, 늑막
  염, 갈비뼈 손상 등의 예방 및 자연치유력 증진

(49) 서혜부(사타구니)

아랫배와 허벅지 사이의 움푹 들어간 곳으로 사타구니라고 부르기도
한다. 반사구의 위치는 안쪽 복사뼈 위의 오목한 곳.

- 반사구 마사지 효과 : 하체의 저림, 산후 자궁회복, 생식기 질환, 하지냉증,
  성교 불능, 발기부전 등의 예방 및 자연치유력 증진

(50) 상반신 임파선

겨드랑이와 어깨의 경계에 흐르는 임파선. 반사구의 위치는 바깥 복
사뼈에서 발목 위로 오목한 곳.

- 반사구 마사지 효과 : 임파선 부종, 발열, 감기, 저항력 저하 등의 예방 및
  자연치유력 증진

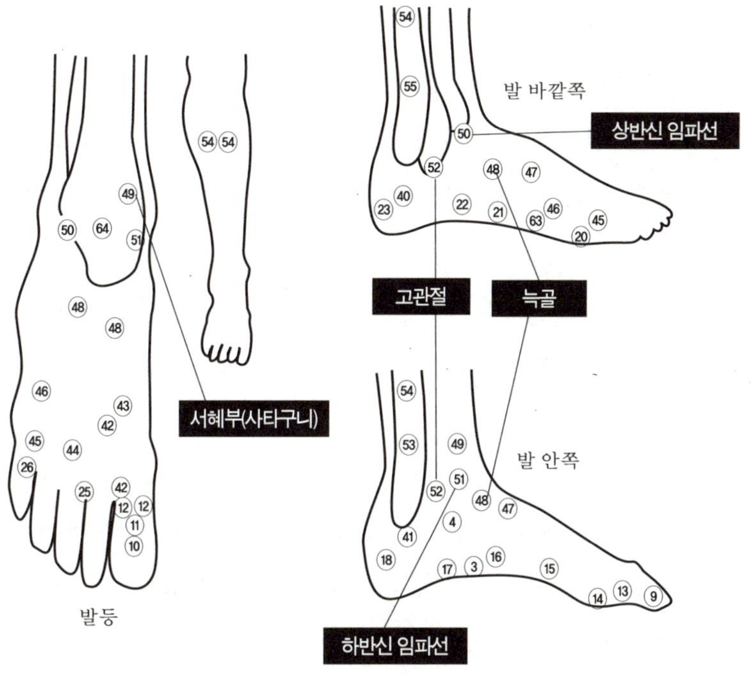

51 하반신 임파선

허리 주위에 모여 있는 임파선. 반사구의 위치는 안쪽 복사뼈에서 발목 위로 오목한 곳.

● 반사구 마사지 효과 : 임파선 부종, 발열, 감기, 저항력 저하 등의 예방 및 자연치유력 증진

52 고관절

골반과 대퇴골을 잇는 관절인데, 그 둘레는 섬유성 연골의 관절순이

둘러싸고 다축성 운동을 제한한다. 관절의 안쪽을 둘러싸는 인대와 바깥쪽의 인대에 의해 관절와가 보호된다. 고관절의 통증은 노화 현상 이외에 염증과 외상이 원인이 되어 간접적으로 변형성 관절증이 되는 경우가 있다. 반사구의 위치는 발의 안쪽, 바깥쪽 복사뼈의 아래 부분.

- 반사구 마사지 효과 : 고관절염, 미골 통증, 좌골신경통, 요통, 등통 등의 예방 및 자연치유력 증진

53 대퇴신경

요추 1, 2, 3, 4번에서 빠져나온 신경과 연결되어 있어 대퇴신경이라고 부르며 직장을 비롯해 생식기, 방광까지 지배한다. 반사구의 위치는 안쪽 복사뼈의 윗부분.

- 반사구 마사지 효과 : 치질, 변비, 직장염 등의 예방 및 자연치유력 증진

54 좌골신경

하지의 운동과 지각을 맡은 가장 큰 신경. 골반 속의 좌골신경총에서 시작하여 넓적다리 뒤쪽을 지나 무릎의 약간 위쪽에서 총비골 신경과 경골 신경으로 갈라진다. 외상, 압박, 한냉 등으로 다치기 쉽다. 반사구의 위치는 양발 복사뼈 위에서 무릎 아래까지.

- 반사구 마사지 효과 : 좌골신경통, 좌골신경염증, 무릎 통증, 발의 부종, 요통 등의 예방 및 자연치유력 증진

발혈치유란 무엇인가

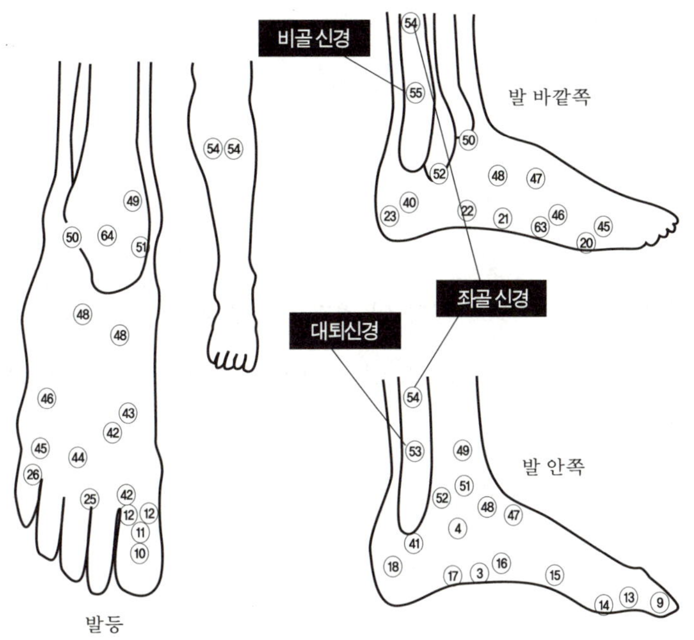

55 비골신경(좌골신경의 안쪽)

하지의 운동과 지각을 맡은 신경. 반사구의 위치는 양발 복사뼈 위에
서 무릎 아래까지.

- 반사구 마사지 효과 : 좌골신경통, 좌골신경염증, 무릎 통증, 발의 부종, 요
  통 등의 예방 및 자연치유력 증진

56 맹장(충수)

소장의 말단부에서 대장으로 이행하는 부위에 있는 소화관. 반사구의

위치는 오른쪽 발의 새끼발가락 아래 발뒤꿈치 부분.

- 반사구 마사지 효과 : 충수염, 맹장염, 헛배 부름 등의 예방 및 자연치유력 증진

(57) 회맹판

대장의 입구이며 회장과 맹장 및 결장이 연결된 곳. 소화되고 남은 노폐물이나 음식물의 역류를 막는다. 반사구의 위치는 맹장 반사구 위의 약간 안쪽.

- 반사구 마사지 효과 : 복부팽만, 복통, 소화불량 등의 예방 및 자연치유력 증진

(58) 상행결장

대장의 결장 중 맹장에 잇닿아 시작되어 우측 복부를 따라 올라가 간장 하면까지 도달한 부분.

- 반사구 마사지 효과 : 변비, 설사, 복통 등의 증상 개선

(59) 횡행결장

대장의 상행결장과 하행결장 사이에 위치해 옆으로 누워있는 부위.

- 반사구 마사지 효과 : 복통, 장염, 변비, 설사 등의 개선

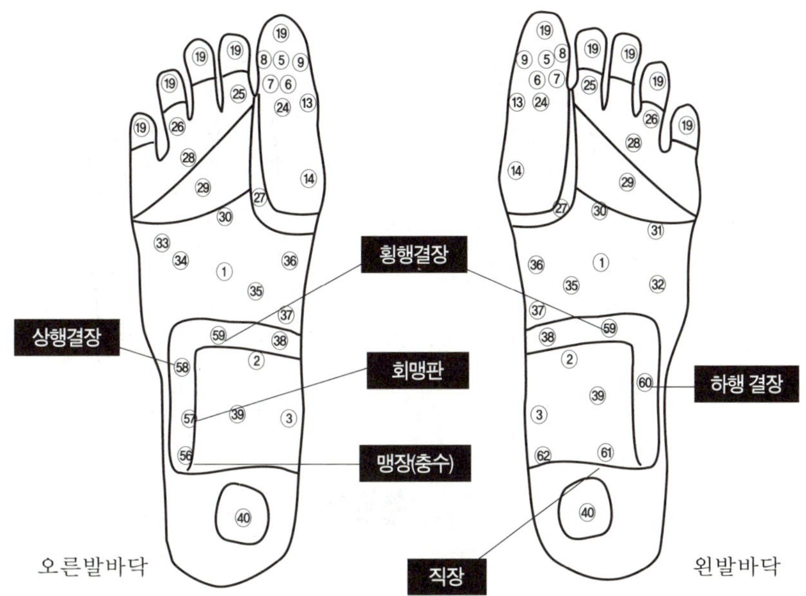

⑥⓪ 하행 결장

대장에서 아래쪽을 향하고 있는 부위.

● 반사구 마사지 효과 : 변비, 설사, 복통, 장염 등의 질병 개선 및 예방

⑥① 직장

대장의 말단부로서, 위는 S상 결장에 이어지고, 하단은 항문을 통하여 체외로 열리는 곧은 부분. 길이 20cm이고, 포도당 등을 흡수하는 능력이 있고, 대변의 저장, 배설 운동을 맡고 있다. 반사구의 위치는 왼쪽 발의 생식선 반사구 윗부분.

● 반사구 마사지 효과 : 변비 해소

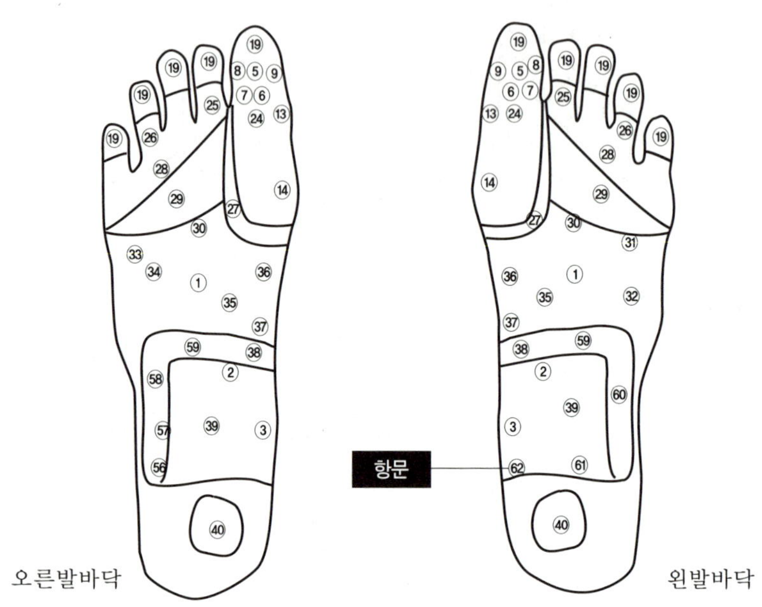

⑥² 항문

위창자관의 가장 아래쪽에 있는 구멍. 소화기의 말단, 곧 대장 끝의 직장이 끝나는 곳에 있어 대변을 몸 밖으로 배설한다.

● 반사구 마사지 효과 : 치질, 정맥류 예방

각종 질병을 치유하는 반사구 자극법

소화기계

1. 간염 : 십이지장→간장→담낭→흉추의 반사구. *음식에 주의

2. 간경변 : 십이지장→간장→담낭→상·하반신 임파선→흉부 임파선 →흉추의 반사구. *음식에 주의

3. 간부통 : 간장의 반사구. *음식에 주의.

4. 당뇨병 : 뇌하수체→위, 췌장, 십이지장→신장, 수뇨관, 방광, 요도 →흉추의 반사구. *음식에주의.

5. 담낭 결석/담낭염 : 간장, 담낭→신장, 수뇨관, 방광, 요도→흉추의 반사구.

6. 변비 : 폐, 기관지→소화계통 전부→직장, 항문→요추, 선골의 반
사구.

7. 복막염 : 위, 십이지장, 췌장의 반사구.

8. 설사 : 위, 십이지장→소장→상행 · 횡행 · 하행 결장→상 · 하반신
임파선→흉부 임파선→요추, 선골의 반사구.

9. 식도염 : 목→갑상선→흉부 임파선, 목, 기관, 경추의 반사구.

10. 소화불량 : 위, 췌장, 십이지장→간장→담낭의 반사구.

11. 식욕 부진 : 부갑상선, 위, 십이지장→소장→상행 · 횡행 · 하행 결
장→직장, 췌장→간장의 반사구.

12. 식도 이물 : 목→기관 →경추의 반사구.

13. 십이지장 궤양 : 위, 십이지장, 췌장→간장→흉추의 반사구.

14. 신경성 소화기 계통 : 복강신경총의 반사구. *전신 컨디션에 주의.

15. 상복부 팽만 : 위, 십이지장의 반사구. *음식에 주의

16. 위통, 위염, 위궤양 : 뇌하수체→갑상선→위→경추의 반사구.

*음식에 주의.

17. 위하수 : 위→소장→상행 · 횡행 · 하행 결장→횡격막→흉추의 반
사구.

18. 위암 : 위, 십이지장→소장→상행 · 횡행 · 하행 결장→직장, 상 ·
하반신 임파선→흉부 임파선→흉추의 반사구.

19. 위산 과다증 : 위, 췌장 →간장→복강신경총→흉추의 반사구.

20. 음식물 중독 : 위, 십이지장 →임파선의 반사구.

21. **영양 불량** : 위→간장→췌장→담낭의 반사구.　*음식에 주의

22. **정서 불안정/만성 피로** : 경추→부갑상선→복강신경총 →신장, 수
　　　　　　　　뇨관, 방광의 반사구.

23. **직장염** : 위→소장→상행·횡행·하행 결장→직장→상·하반신
　　　　　　임파선→흉부 임파선→요추, 선골의 반사구.

24. **장염** : 위→소장→상행·횡행·하행 결장→상·하반신 임파선,
　　　　　흉부 임파선 →요추, 선골의 반사구.

25. **충수염** : 소장→맹장→회맹판→상행·횡행·하행 결장→요추, 선
　　　　　　골의 반사구.

26. **췌장염** : 위, 췌장, 십이지장→상·하반신 임파선→흉부 임파선→

흉추의 반사구.

27. 치질 : 신장, 수뇨관, 방광, 요도→직장→항문→요추→선골의 반
　　　　사구. *음식에 주의.

28. 하복부 팽만 : 위, 십이지장→흉추의 반사구.

29. 황달 : 십이지장→간장, 담낭→상·하반신 임파선→흉부 임파선
　　　　→흉추의 반사구. *음식에 주의.

 **순환기계**

1. 고혈압 : 대뇌→전두동→소뇌, 뇌간 →뇌하수체→신장, 수뇨관, 방
　　　　광, 요도→경추, 흉추의 반사구.

2. 빈혈 : 뇌하수체→갑상선→위, 십이지장→소장→상·하행 결장→
　　　　직장→비장→흉추의 반사구.

3. 심장질환 : 부신→신장, 수뇨관, 방광 →소장→심장→경추, 흉추의
　　　　반사구.

4. 신장 기능 장애 : 신장, 수뇨관, 방광, 요도→흉추, 요추의 반사구.

5. 선성 발열 : 편도선→상·하반신 임파선→흉부 임파선→비장의 반
　　　　사구

6. 심장 기능 장애 : 위→부신→신장, 수뇨관, 방광, 요도→소장→심장
　　　　→횡격막→경추, 흉추의 반사구

7. 순환 장애 : 심장→부신→부갑상선→신장, 수뇨관, 방광, 요도의 반
　　　사구

8. 임파선종 : 상ㆍ하반신 임파선 →흉부 임파선 반사구

9. 정맥류 : 부신→신장, 수뇨관, 방광, 요도→경추, 흉추, 요추의 반사구

10. 저혈압 : 신장, 수뇨관, 방광, 요도→소장→비장→평형기관→흉추,
　　　요추, 선골→좌골신경의 반사구.

11. 혈관 장애 : 갑상선→부갑상선→부신→신장, 수뇨관, 방광, 요도의
　　　반사구.

12. 협심증 : 위 →부신→신장, 수뇨관, 방광, 요도→경추→심장→소장
　　　의 반사구.

13. 혈전 : 부신→신장, 수뇨관, 방광, 요도의 반사구.

 **호흡기계**

1. 기침(해소) : 코→비장→상ㆍ하반신 임파선→흉부 임파선→편도선,
　　　목→폐, 기관지→부신→부갑상선의 반사구.

2. 기관지염 : 부갑상선→폐, 기관지→부신→상ㆍ하반신 임파선→흉
　　　부 임파선→경추, 흉추의 반사구.

3. 가래 : 갑상선→폐, 기관지→상ㆍ하반신 임파선→흉부 임파선의 반
　　　사구.

4. 부비강염 : 코→모든 임파선→부갑상선의 반사구.

5. 딸꾹질 : 횡격막→경추의 반사구.

6. 유행성 감기 : 상·하반신 임파선→흉부 임파선→편도선→비장→코
의 반사구.

7. 재채기 : 코→폐, 기관지→상·하반신 임파선, 흉부 임파선의 반사
구.

8. 천식 : 부갑상선→폐, 기관지→부신→상·하반신 임파선, 흉부 임
파선→흉추의 반사구.

9. 폐렴 : 폐→모든 임파선→부신→부갑상선의 반사구.

10. 호흡곤란 : 폐, 기관지→코→뇌하수체→심장의 반사구. *음식에 주의.(위의 팽
만에 의한 심장 압박을 받음)

11. 흉부 압박감 : 폐, 기관지→상·하반신 임파선→흉부 임파선→횡격
막→견갑골의 반사구.

 ## 뇌, 신경계

1. 뇌졸중, 뇌경색, 뇌출혈, 뇌성 마비 : 대뇌→전두동→소뇌, 뇌간→뇌
하수체→목→부신→신장, 수뇨
관, 방광, 요도→경추의 반사구.

2. 파킨슨병 : 대뇌→전두동 →소뇌, 뇌간→뇌하수체→목→부갑상선→

발혈치유란 무엇인가

부신→신장, 수뇨관, 방광, 요도의 반사구.

3. 안면신경 마비 : 대뇌→전두동→소뇌, 뇌간→뇌하수체→삼차신경→
　　　　　　　　　경추의 반사구.

4. 삼차신경 마비 : 대뇌→전두동→소뇌, 뇌간→뇌하수체→삼차신경→
　　　　　　　　　아래턱, 위턱→경추의 반사구.

5. 편두통 : 대뇌→전두동→소뇌, 뇌간→삼차신경→경추의 반사구,
*심리적, 정서적 원인을 찾는다.

6. 안면 경련 : 대뇌→전두동→소뇌, 뇌간→삼차신경→경추의 반사구.

 ## 감각기계

1. 근시, 원시, 난시, 각막염 : 눈→간장→신장, 수뇨관, 방광, 요추→경
　　　　　　　　　　　　　추의 반사구.

2. 안질 : 눈→간장→상반신 · 하반신 임파선→흉부 임파선→경추의 반
　　　사구.

3. 내사시 : 대뇌→전두동→소뇌, 뇌간→뇌하수체→눈, 간장→경추의
　　　　　반사구.

4. 내이염 : 귀→삼차신경→모든 임파선→부신→부갑상선의 반사구.

5. 설안염 : 눈→간장→부신→경추의 반사구.

6. 안근마비 : 전두동→소뇌, 뇌간→눈→간장→경추의 반사구.

7. 차멀미 : 평형기관→경추→흉추의 반사구.

8. 만성 비염 : 코→부갑상선→폐, 기관지→상·하반신·흉부 임파선
   의 반사구.

9. 구내염 : 위→십이지장→소장→상행·횡행·하행 결장→직장→신
   장의 반사구. *음식에 주의.

10. 중이염 : 귀→모든 임파선→부갑상선의 반사구.

11. 귀 울림 : 대뇌→전두동→소뇌, 뇌간→뇌하수체→귀→신장→상·
    하반신·흉부 임파선→평형기관→경추의 반사구.

12. 난청 : 대뇌→전두동→소뇌, 뇌간→뇌하수체→귀→상·하반신·
    흉부 임파선→경추의 반사구.

13. 망막 박리 : 신장, 수뇨관, 방광, 요도→눈→모든 임파선의 반사구.

14. 인두염 : 삼차신경→상·하반신·흉부 임파선→편도선→아래턱,
    위턱→목, 성대, 인후, 기관 →경추의 반사구.

15. 코골이: 삼차신경→아래턱, 위턱→경추의 반사구.

16. 편도선염 : 상·하반신·흉부 임파선→편도선의 반사구.

17. 축농증 : 코→뇌하수체→삼차신경→전두동→모든 임파선의 반사구.

 ## 치아 · 구강

1. 악골염 : 위턱, 아래턱→모든 임파선→삼차신경의 반사구.

2. 치통 : 삼차신경→신장, 수뇨관, 방광, 요도→아래턱, 위턱→경추의
　　반사구.

3. 치조농루 : 삼차신경→신장, 수뇨관, 방광, 요도→아래턱, 위턱→경
　　추의 반사구.

 ## 내분비계

1. 갑상선기능항진 : 뇌하수체→갑상선→신장→경추, 흉추의 반사구.

2. 부갑상선기능항진증 · 저하증 : 뇌하수체→갑상선→부갑상선→신장,
　　수뇨관, 방광, 요도→경추, 흉추의 반
　　사구.

3. 거인증 : 뇌하수체→갑상선→경추, 흉추의 반사구.

4. 뇌하수체기능저하증 : 뇌하수체→갑상선→부신→신장의 반사구.

5. 불면증 : 대뇌→전두동→소뇌, 뇌간→뇌하수체→간장→경추의 반
　　사구. *음식에 주의.

6. 비만 : 갑상선→신장, 수뇨관, 방광, 요도의 반사구. *음식에 주의.

7. 소인증 : 뇌하수체→갑상선→경추, 흉추의 반사구.

8. 성장호르몬 분비장애 : 뇌하수체의 반사구. *컨디션에 주의.

9. 안구돌출을 동반하는 갑상선종 : 갑상선→뇌하수체의 반사구.

10. 야윔 : 뇌하수체→갑상선→경추, 흉추의 반사구.

11. 의식 불명 : 부신→심장의 반사구.

12. 호르몬 분비의 실조 : 뇌하수체의 반사구.

13. 칼슘 결핍증 : 부갑상선의 반사구.

 ## 피부 · 알레르기

1. 동상, 살이 틈 : 위→소장→비장의 반사구. *발 전체를 자극할 것, 영양 부족에 주의.

2. 습진, 피부염 : 간장→복강신경총→부신→신장의 반사구.

3. 아토피성 피부염 : 부갑상선→부신→신장, 수뇨관, 방광, 요도의 반사구. *음식에 주의

4. 거친 피부 : 뇌하수체→갑상선→비장의 반사구.

5. 검버섯, 기미, 주근깨 : 위→간장→신장의 반사구. *자외선, 수면부족, 과로에 주의.

6. 무좀, 백선 : 신장→수뇨관→방광→요도→상 · 하반신 임파선→흉부 임파선의 반사구. *청결에 주의.

7. 조갑 백만증 : 갑상선→폐, 기관지→상행 · 횡행 · 하행 결장의 반사구.

8. 화분증 : 뇌하수체→부갑상선→부신→상 · 하반신 임파선 · 흉부 임파선→편도선의 반사구.

9. 여드름 : 부신→신장, 수뇨관, 방광, 요도→간장, 담낭의 반사구. *음식에 주의

발혈치유란 무엇인가

10. 탈모 : 생식선→부신→각 신진대사기관의 반사구. *음식에 주의.

11. 습진 : 신장→수뇨관→방광→요도→부신의 반사구.

12. 마른버짐 : 신장, 수뇨관, 방광, 요도→부신 →부갑상선→신진대사
기관→모든 임파선의 반사구.

13. 대상포진 : 신장, 수뇨관, 방광, 요도→부신→부갑상선의 반사구.
*음식에 주의.

14. 피부 발진 : 신장, 수뇨관, 방광, 요도→부신→부갑상선→갑상선
*음식에 주의.

 ## 비뇨기, 생식기계

1. 난소염, 난소낭종 : 뇌하수체 →갑상선→부갑상선→생식기→상반신
임파선, 흉부 임파선→요추, 선골→좌골신경의
반사구.

2. 냉증 : 요추→선골→좌골신경의 반사구.

3. 부종 : 신장, 수뇨관, 방광, 요도→부신→심장→모든 임파선의 반사
구.

4. 불임증 : 뇌하수체→생식선→흉부→생식기→요추, 선골→좌골신경
의 반사구.

5. 불감증 : 뇌하수체 →생식선, 흉부, 생식기의 반사구.

6. 방광염 : 신장, 수뇨관, 방광, 요도→모든 임파선의 반사구.

7. 배뇨 곤란 : 신장, 수뇨관, 방광, 요도→뇌하수체, 대뇌, 소뇌, 삼차
　　　　　　　신경

8. 수뇨관염 : 신장, 수뇨관, 방광, 요도→모든 임파선의 반사구.

9. 신장 결석 : 신장, 수뇨관, 방광, 요도의 반사구. *음식에 주의.

10. 야뇨증 : 신장, 수뇨관, 방광, 요도→요추, 선골→좌골신경의 반
　　　　　　사구.

11. 요실금 : 신장, 수뇨관, 방광, 요도의 반사구. *자궁돌출 현상이 있으면 생식기의 반사구
　　　　　도 자극한다.

12. 자궁염, 자궁 내 출혈, 자궁근종 : 뇌하수체→생식선→상 · 하반신
　　　　　　　　　　　　　　　　임파선 · 흉부 임파선 →요추, 선
　　　　　　　　　　　　　　　　골→좌골신경의 반사구.

13. 전립선염 : 신장, 수뇨관, 방광, 요도의 반사구→소뇌

14. 임포텐츠 : 생식기의 반사구. *컨디션에 주의.

15. 정류고환 : 생식선→생식기→뇌하수체→복강신경총의 반사구.

16. 고환 충혈 : 생식기→모든 임파선의 반사구.

17. 생리 불순 : 생식선→생식기→대퇴신경, 좌골신경의 반사구.

18. 질 분비 장애 : 생식기→모든 임파선의 반사구.

발혈치유란 무엇인가

근, 골격근

1. 건초염 : 팔 관절 반사구.

2. 관절염, 관절통 : 부갑상선→부신→신장, 수뇨관, 방광, 요도→상 ·
   하반신 임파선 · 흉부 임파선의 반사구. *족 관절염은 선골,
   미골의 반사구.

3. 갑자기 삐끗하여 생기는 요통 : 신장, 수뇨관, 방광, 요도→고관절→경
   추, 흉추, 요추, 선골, 미골의 반사구.
   *허리 벨트를 사용할 것.

4. 골다공증, 골연화증 : 부갑상선→신장, 수뇨관, 방광, 요도의 반사구.
   *음식에 주의

5. 고관절염 : 위→십이지장→소장→상행 · 횡행 · 하행 결장→직장→부
   신→신장, 수뇨관, 방광, 요도→고관절의 반사구.

6. 경추증 : 목→신장→경추, 흉추, 요추, 선골, 미골의 반사구.

7. 견통 : 어깨관절→고관절의 반사구. 직접 고관절을 주무른다. *신발에 주의

8. 경견완증후군 : 척추→신장, 수뇨관, 방광, 요도의 반사구.

9. 경부통 : 목→경추, 선골 또는 목, 경추, 요추의 반사구.

10. 골절 : 부갑상선, 골절 부위와 관련 있는 반사구.

11. 경골, 비골의 통증 : 해당 부분과 발바닥의 전체를 주무른다 *신발에 주의.

12. 농성지염 : 서로 대응하는 발가락과 임파선의 반사구.

13. 등의 타박상 : 고관절 →경추, 흉추, 요추→견갑골의 반사구.

14. 두개골 골절 : 대뇌→소뇌→부갑상선의 반사구.

15. 다발성 관절염 : 류머티즘의 반사구와 같음.

16. 류머티즘 : 부갑상선→부신→신장, 수뇨관, 방광, 요도 증상이 있는 관절의 반사구.

17. 무릎 통증 : 무릎관절→요추, 선골, 미골→좌골신경의 반사구.

*대응하는 손의 반사구.

18. 목의 결림, 통증 : 목→경추, 선골, 미골의 반사구.

19. 미골통 : 선골, 내미골, 외미골의 반사구. 목이나 그 반사구인 경추

20. 요통 : 부갑상선→신장→고관절→요추, 선골, 미골의 반사구.

21. 연골수상 : 무릎관절→부갑상선의 반사구와 팔꿈치 관절을 누른다.

22. 잠을 잘 못자서 생기는 통증 : 대뇌→전두동→소뇌, 뇌간→뇌하수체→부갑상선, 경추의 반사구.

23. 편타성 상해 : 목→승모근→부갑상선→경추의 반사구.

24. 통풍 : 신장→수뇨관→방광→요도의 반사구. *음식에 주의.

25. 변형성관절염 : 신장, 수뇨관, 방광, 요도→무릎관절→고관절→선골, 미골의 반사구.

26. 사십견/오십견 : 목→어깨관절→승모근→고관절→경추→견갑골의

반사구.

27. **손의 저림** : 대뇌→전두동→소뇌→뇌하수체→어깨관절→경추, 흉
추→견갑골, 팔꿈치 관절의 반사구.

28. **신경통** : 뇌하수체→부갑상선→경추, 흉추, 요추의 반사구.

29. **어깨 결림, 통증** : 목→어깨관절→승모근→고관절→경추→견갑골
의 반사구.

30. **외반모지** : 갑상선→부갑상선→상 · 하반신 임파선 · 흉부 임파선
의 반사구. *신발에 주의.

31. **추간판헤르니아(디스크)** : 위, 십이지장 →소장→상행 · 횡행 · 하행
결장→직장→간장→담낭→신장, 수뇨관,
방광→경추, 흉추, 요추, 선골, 미골의 반
사구.

32. **호르몬 분비의 실조** : 뇌하수체의 반사구.

33. **척추 부상** : 척추(내측)의 반사구. *컨디션에 주의.

34. **척부통** : 척추(내측)의 반사구→견갑골→고관절의 반사구.

35. **풍습성 관절염** : 신장, 수뇨관, 방광, 요도→부신 외에 증세와 관련
된 기관의 반사구. *음식에 주의.

저항체 · 면역 계통

1. 과민증 : 부신→신장, 수뇨관, 방광, 요도→부갑상선의 반사구.

2. 고초열(화분증) : 신장, 수뇨관, 방광, 요도→부신→부갑상선→코→
폐, 기관지의 반사구. *벌꿀을 조금 마신다. 가능하면 요양이 필요.

3. 암 : 모든 임파선과 증상이 있는 기관의 반사구. 발 전체를 주무른다.
*음식에 주의.

4. 발열 : 모든 임파선→편도선→비장의 반사구.

5. 전염성 질환 : 신장, 수뇨관, 방광, 요도→부신→부갑상선→모든 임
파선의 반사구.

6. 종양 : 통증기관의 반사구와 모든 임파선→편도선→비장의 반
사구.

7. 농양 : 통증 부위와 모든 임파선의 반사구.

기타 질환

1. 열나는 발 : 대응하는 손의 반사구.

2. 각종 사고 : 즉시 관련 있는 반사구를 누른다. 발을 다쳤을 때는 손
을 주무른다.

3. 화상 : 관련 있는 반사구와 모든 임파선→부신→신장, 수뇨관, 방

광, 요도→부갑상선의 반사구.

4. 허탈감 : 즉시 심장→부신의 반사구를 자극한다.

5. 혼수 : 심장→부신의 반사구. (용천 자리)

발사랑 관계전도 실습편

발혈치유 배우기

"내가 주와 또는 선생이 되어 너희 발을 씻겼으니
너희도 서로 발을 씻기는 것이 옳으니라. 내가 너희에게 행한 것같이
너희도 행하게 하려 하여 본을 보였노라."(요13:14−15)

발을 보면 건강을 알 수 있다

발혈치유를 할 때는 시술받는 사람의 건강 상태를 면밀히 체크할 필요가 있다. 먼저 발끝의 체온과 맥박 등을 확인한다. 체온이 낮으면 혈액순환이 잘 안 된다는 얘긴데 그런 사람의 경우 "손발에 쥐가 자주 나고 저리시죠?" 하고 물으면 백이면 백 그렇다고 대답한다.

그 다음 위와 췌장, 십이지장, 부신, 신장, 간장 등 중요한 장기의 반사구를 눌러보면서 건강 상태를 체크하는 것이 좋다. 위의 반사구를 강하게 눌렀을 때 아프다고 하는 분들은 위가 좋지 않으므로 잘못된 식습관을 버리고 맵고 짜게 먹는 걸 자제하라고 일러주는 것이 좋다. 의외로 본인이 위가 나쁜 줄 모르는 사람들이 많다.

췌장 부위를 눌렀을 때 아파하는 사람은 조만간 당뇨병에 노출될 확률이 높다. 우리나라 국민의 당뇨 사망률은 OECD 국가 가운데 두 번째로 높으며 당뇨가 생기면 면역력이 저하되고 여러 가지 치명적인 합병증에 노출되기 쉽다. 한국인은 체질적으로 인슐린의 분비를 촉진시키는 베타세포의 양이 적어 조금만 살이 쪄도 당뇨를 앓을 위험이 높다고 한다. 따라서 평소에 꾸준히 운동을 하고, 과식을 피하고, 혈당을 철저히 관리하도록 권한다.

십이지장을 눌렀을 때 아파하는 사람은 위에서는 소화가 잘 되는데 소장에서는 소화가 잘 안 되는 경우가 많다. 배에 가스가 차거나 더부룩한 느낌을 자주 받는 사람들이 십이지장을 눌렀을 때 많이 아파한다.

부신을 눌렀을 때 아파하면 평소에 스트레스를 많이 받고 있는 사람이다. 신장을 눌렀을 때 아파하면 아침마다 손발이 붓는 사람이고, 간장을 눌렀을 때 아파하면 피로가 제때제때 풀리지 않고 누적된 사람이다.

이렇게 6군데 정도 눌러보면 발혈치유를 받을 사람의 기본적인 건강 상태를 어느 정도 알 수 있다. 6군데 중에 5~6군데가 아픈 사람은 건강이 상당히 안 좋은 상태이므로 그냥 부드럽게 만지는 느낌으로 약하게 마사지해야 한다. 3~4군데가 아픈 경우는 보통의 힘으로 마사지를 하고, 1~2군데 정도만 아파하면 약간 강하게 발을 자극해도 좋다. 6군데 반사구를 눌러도 하나도 안 아파하거나 1군데 정도 아파하면 아주 건강한 사람이므로 강하게 마사지하거나 끝이 날카로운 봉으로 자극을 줘도 좋다. 남자의 경우와 여자의 경우가 다른데 남자의 경우는 여자보다 한 단계 정도 강하게 해주면 된다.

기본적인 건강 상태에 대한 점검이 끝나면 왼발부터 먼저 자극하는 것이 좋다. 인체의 가장 중요한 심장의 반사점이 왼발에 있기 때문에 왼발부터 시술하는 것이 효과적이다. 발혈치유는 총 5단계에 걸쳐 실시하는데, 왼발부터 발마사지 1단계를 실시하고 그 다음 오른발로 넘어간다. 1단계를 마치면 다음엔 2단계, 3단계로 점차 강도를 높여간다. 때에 따라 몸이 약한 어르신의 경우는 1단계만 2~3번 반복하는 것도 좋은 방법이다.

마사지를 해주면서 어느 신체 부위가 좋지 않은지 잘 설명하고, 건강관리에 관한 조언을 해주는 것이 좋다. 그리고 최소 10회 정도는 시술받도록 권한다. 보통 경험에 의하면 초반에는 일주일에 2회씩, 3개월 정도 마사지해 주는 것이 제일 좋고, 이후에는 일주일에 1회나 보름에 1회 정도로 관리하면 좋은 결과를 기대할 수 있다.

발혈치유 배우기

발혈치유 시 유의사항

지난 8년간 발혈치유를 하면서 수많은 사람들이 치유되는 것을 경험했다. 그러나 기도 없이 치유된 사람은 단 한 명도 없었다. 왜냐하면 치유는 전적으로 하나님께 달려 있기 때문이다. 간혹 발혈치유사 중에 자기가 실력이 뛰어나서 병이 낫는 줄 착각하는 경우가 있는데 절대로 그렇지 않다. 하나님은 누구나 그렇게 하면 치유될 수 있도록 우리 발에 반사구라는 것을 만들어 놓으셨고, 우리는 그저 하나님의 도구일 뿐이다. 나의 능력이 아닌, 하나님의 역사하심으로 병이 치유되는 것임을 명심해야 한다.

발 건강과 반사요법 이론에 대해 앞에서 충분히 배웠으므로 이제 실습에 들어가 보자. 발혈치유 실습을 위한 준비물로는 발 지압에 필요한 2가지 종류의 나무 봉과 마사지 크림, 족욕에 필요한 세숫대야, 소금, 그리고 수건 2장이 필요하다.

이렇게 준비가 되면 세숫대야에 따뜻한 물을 부어 발마사지를 받을 사람이 5~10분 정도 족욕을 하게 한다. 족욕은 발에 있는 혈관의 긴장 완화 및 발에 있는 불순물 제거를 돕는다. 만약 족욕을 하기 힘든 상황이라면 타올 2장을 전자레인지에 돌려서 따뜻하게 데운 다음 양쪽 발에서 다리까지 1장씩 덮어주는 것이 좋다.

모든 준비가 끝났다면 이제 실습에 들어가기에 앞서 꼭 알아야 할 주의사항이 있다.

첫째, 발혈치유는 식후 1시간 이내에는 하지 않는 것이 좋다. 식사 후에는 소화를 돕기 위해 위에 혈액이 모이는데, 이때 발을 자극하면 혈액이 분산되어 소화 작용에 부담을 준다. 나이가 많은 어르신들은 소화력이 약하므로 특별히 더 신경을 써야 한다.

둘째, 발을 자극할 때는 발마사지 전용 크림이나 오일을 사용하는 것이 좋다. 마사지를 하다 보면 발에 강한 압력이 가해질 수 있는데, 이 때문에 통증을 느끼거나 물집이 생길 수 있다. 경우에 따라선 발마사지를 받고 피로감을 느끼거나 "기가 빠졌다."고 말하는 분들도 있다. 발마사지를 받았다고 기가 빠지거나 하는 일은 없지만 그런 느낌이 든다면 클렌징 성분이 포함된 마사지 크림을 썼기 때문이다. 그래서 오일 성분과 소독 성분이 포함된 전문가용 마사지 크림을 사용하

발혈치유 배우기

는 것이 좋다.

셋째, 신장, 수뇨관, 방광, 요도를 기초 반사구라고 하는데 3단계 발혈치유를 할 때 기초 반사구부터 시작하고 기초 반사구로 마무리하면 효과가 극대화된다. 기초 반사구를 자극하면 순환 기능이 좋아져서 신장에 모여 있는 체내의 노폐물들이 배설되기 쉬워진다.

넷째, 발마사지가 끝나고 30분 이내에 500cc 정도의 따뜻한 물을 마시게 하는 것이 좋다.

발을 자극하면 혈관에 붙어 있던 노폐물이 혈관을 타고 이동해 신장으로 오게 된다. 이때 물을 마셔서 신장에 모인 노폐물이 소변으로 배출되게 해야 한다. 발마사지가 끝난 후 물을 마시지 않으면 신장에 모였던 노폐물이 다시 혈관을 타고 이동해 다른 혈관 벽에 붙게 된다. 따라서 반드시 물을 마셔야 한다. 500cc의 물을 한꺼번에 다 마시기가 힘들면 3~4회에 걸쳐 나누어 마셔도 된다. 단, 차가운 물은 혈관을 수축시키므로 피하는 것이 좋다.

다섯째, 발바닥에서 무릎 위까지 양발을 30분 이상 자극하는 것이 효과적이다. 손 또는 봉을 사용해 30분에서 1시간 정도로 양쪽 발바닥에서 무릎 위 10cm까지 자극한다. 체질과 건강 상태에 따라 다르지만 발마사지를 1달 동안 최소 10회 받는 것을 기본으로 하고, 이후 일주일에 한 번씩 예방 차원에서 발혈치유를 받는 것이 좋다. 매일 받을 수 있다면 최상의 건강관리법이 될 것이다.

여섯째, 뼈 부분을 너무 세게 자극하지 않는 것이 좋다. 뼈와 그 주위를 너무 세게 자극하면 내출혈이 생기거나 부어올라 골막염이 생길 수 있다. 어떤 사람들은 강하고 아프게 해야만 효과가 좋은 줄로 잘못 알고 있는데, 그렇지 않다. 참을 수 있을 정도의 아픔과 시원하다는 느낌이 들 정도가 가장 이상적이다.

일곱째, 임신 중이나 월경 중에는 발을 자극하지 않는 것이 좋다. 발마사지가 임산부에게 해로운 것은 아니지만, 유산의 경험이 있는 여성은 자극에 예민하고 또다시 유산할 확률이 높으므로 발마사지를 자제하는 것이 좋다. 그래도 받아야 한다면 1단계 정도로 마무리하거나 남편이 직접 배워서 부드럽게 해주는 것이 좋다. 월경 중인 경우에도 발마사지가 꼭 나쁜 것은 아니다. 다만 임상실험에 의하면 월경 중에 자극을 가하면 월경 기간이 늘어나거나 월경의 양이 많아질 수 있으므로 자제하는 것이 좋다.

여덟째, 수술을 받고 난 후라면 상처가 완치된 후에 발을 자극하는 것이 좋다. 혈관의 상태가 완전하게 회복된 후에 자극해야 혈액순환을 통한 노폐물 배출이 원활하게 이루어지기 때문이다. 가벼운 수술인 경우는 3일 정도 지난 후에 마사지를 하고 개복수술이나 큰 수술인 경우는 최소 3개월 후에 자극하는 것이 좋다.

아홉째, 병원이나 요양원에 봉사를 나갈 경우 중증 환자를 만날 수 있는데 이런 경우 환우의 상태를 잘 파악해야 한다. 심장병, 심한 당뇨병, 신장병 등의 중증 환자인 경우 자극하는 시간을 처음에는 5분 정도로 하고, 자극이 끝난 후에 200cc 정도의 물을 마시게 한다. 2~3

회 정도 상태를 살펴보아 별다른 부작용이 없으면 자극 시간과 마시
는 물의 양을 조금씩 늘려도 된다.

1단계 발혈치유 실습

발마사지를 배우기 위해 처음 학원에 등록했을 때, 한 일주일 정도 이론을 공부하고 나서 실습에 들어갔다. 실습 첫날, 준비물로 수건을 2장 가져갔더니 강사님이 칠판에 이렇게 적었다.

① **스크럽**
② **횡격막**
③ **양쪽 이완시키기**

위의 3가지 방법을 가르쳐 준 후 2명씩 조를 짜서 실습을 하게 했다. 발마사지 1단계에는 22가지의 마사지 동작이 있는데, 하루에 2~3가지씩 배워 1단계 과정을 마치는 데만 한 달이 걸렸다. 또 한쪽 발에 62개씩, 모두 124개의 반사구를 익히는 데도 한 달이 걸렸다. 결국 석 달이 넘게 교육을 받아야 했고, 자격증을 따기 위해 더 많은 시간을 할애해 연습을 해야 했다.

이후 교회 성도들에게 발혈치유 교육을 할 때, 내가 학원에서 배웠던 것과 똑같은 방식으로 교육을 했다. 처음에 간증을 하고 기본 이론을 가르친 후 반사구를 익히게 한 다음 1단계부터 진도를 나갔다. 당시 발마사지를 배워서 전도에 활용하려는 사람들이 20여 명 정도 됐는데 3주 정도 지나자 3명밖에 남지 않았다. 각자 생업이 있는 분들이고, 봉사하기 위해 짬을 내서 발마사지를 배우려고 했는데 육체적으로도 힘들고, 특히 1~4단계의 세분화된 마사지법을 일일이 외우는 게 상당히 어려운 듯했다. 그래서 하나님께 기도했다.

"하나님 아버지. 발사랑 전도법의 취지가 이렇게 좋은데, 막상 배우기가 어려워 곤란을 겪고 있습니다. 쉽게 공부할 수 있는 방법을 알려주시면 더 많은 사람들에게 발사랑 전도법을 전파할 수 있을 것 같습니다. 부디 방법을 알려주세요."

그렇게 간구하며 약 600일간 철야 기도를 드렸다. 그러던 어느 날 하나님의 음성이 들렸다.

"어렸을 때 연상법을 익히는 책을 읽지 않았느냐. 그걸 이용하면 될 것이다."

하나님의 가르침 덕분에 수십 가지의 마사지 동작을 쉽게 외울 수 있는 비법을 개발하게 되었다. 먼저 1단계 마사지법을 외워 보자. 각각의 동작을 묘사한 이름을 붙여 놓아 쉽게 연상할 수 있으며 맨 앞 글자가 일, 이, 삼, 사, 오, 육으로 시작하므로 외우기에 좋다.

1. 스크럽-일심기도

2. 횡격막-이등분

3. 양쪽 이완시키기-삼삼하게

4. 발목 풀어 주기-사방팔방

5. 종골 주무르기-오기로

6. 두 손 감싸 위로 쓸기-육수 짜기

7. 발등 감싸주기-칙칙폭폭

8. 흉곽 이완시키기-팔랑팔랑

9. 고관절-구멍 파기

10. 정중선 밀어올리기-십리로

11. 발가락 풀기-일일이

12. 발가락 이완시키기-이빨 빼기

13. 피아노 치기-삼익피아노

14. 흉부임파선/성대 · 인후 · 기관지/눈-14번 국도

15. 흉부-15번 국도

16. 귀/평형기관/견갑골-16번 국도

발혈치유 배우기

17. 외측선(어깨–팔–무릎–외미골)–외곽 고속도로

18. 흉부 임파선/성대 · 인후 · 기관지/눈–14번국도

19. 내측선(코–경추–흉추–요추–선, 미골–내미골)–내부 고속도로

20. 횡격막–이등분

21. 늑골/상 · 하반신 임파선

22. 고관절–구멍 파기(9번과 동일)

이제 시술받을 사람의 발밑에 수건을 깐 다음 발끝을 잡고 기도를 한다. 기도를 마친 후 마사지 크림을 발에 골고루 바르고 1단계 마사지법을 차례대로 실시한다.

① 일심기도 (양손으로 발의 긴장 풀기 → 기도 자세) 5회

양손을 기도 자세로 한 상태에서 오른손은 발등에, 왼손은 발바닥 쪽에서 아래로 향해 양손을 동시에 내린다.

● 왼손은 발바닥 아랫부분에서 손바닥이 완전히 바닥에 닿도록 한다.

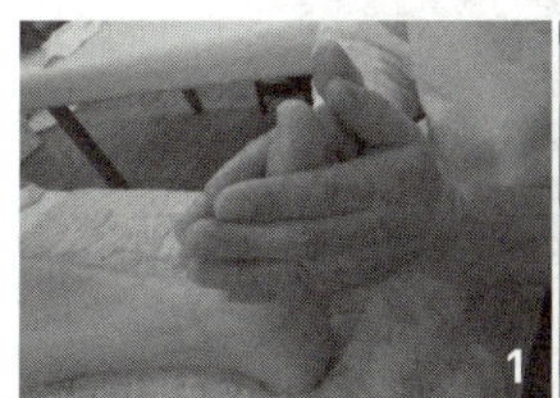
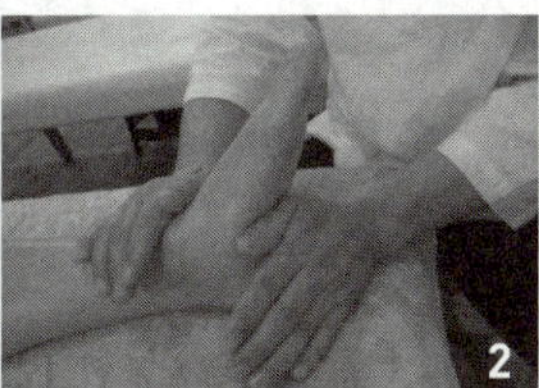
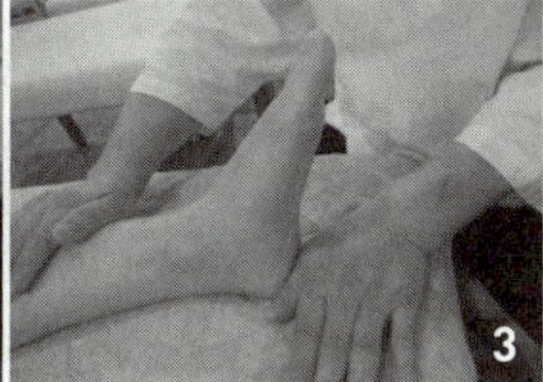

② 이등분(발의 중간 부분과 검지, 중지 중심)8회

양손의 검지와 중지만 사용하여 발의 횡격막 부위를 좌우로 반복한다.

● 발바닥의 심장(왼발) 부위를 자극하는데 목적이 있다. 딸꾹질이 날 때도 효
과가 있다.

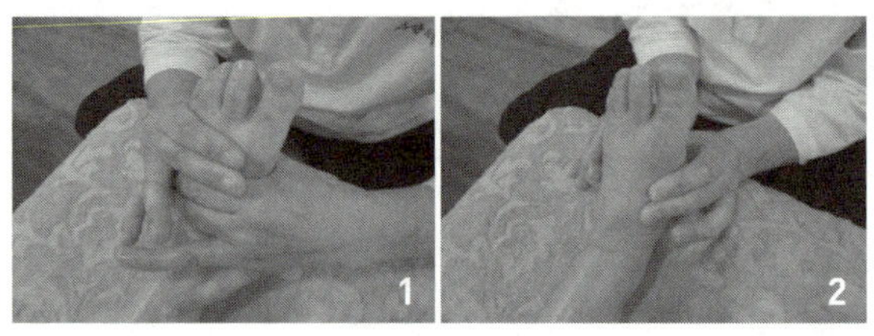

③ 삼삼하게(발의 양쪽을 이완시키기)5회

발의 내측과 외측을 흔들어 주는 식으로 반복하며 위아래로 양손을
움직여 흔들어 준다.

● 발의 긴장을 풀어주는 데 목적이 있다.

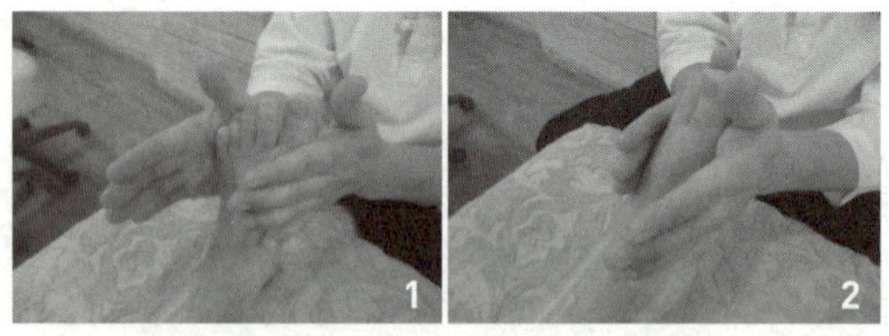

발혈치유 배우기

④ **사방팔방(반복) 각 2회**

왼손(오른손)에 발을 올리고 오른손(왼손)으로 발목을 돌려주는 형태
로 돌리되, 맷돌을 굴린다는 생각으로 오른손으로 잡았을 경우 왼쪽
으로, 왼손으로 잡았을 경우 오른쪽으로 돌려준다.

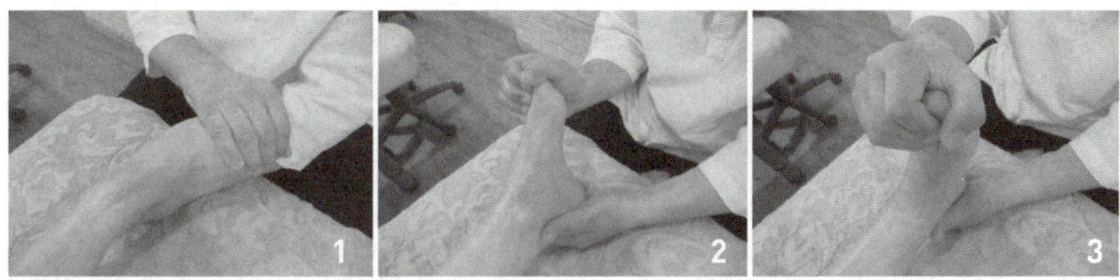

⑤ **오기로(보조 손 뒤, 주먹 앞 → ①스크럽의 변형) 5회**

위 스크럽과 같은 형태에서 발바닥 쪽을 주먹으로 자극하는 데 목적
이 있다. 왼손 주먹의 손가락 부분이 발바닥을 자극하면서 아래로 내
리면 된다.

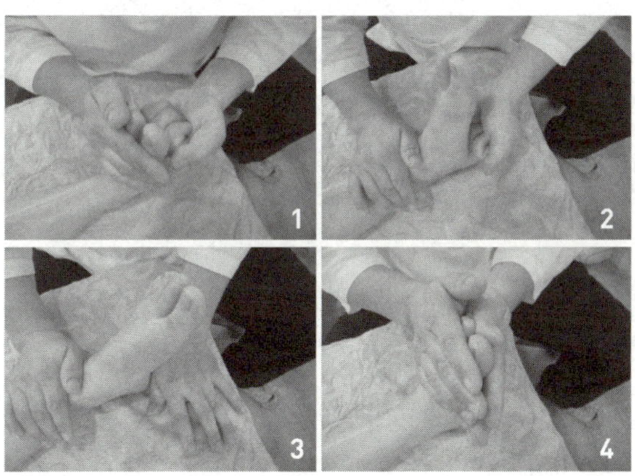

⑥ 육수짜기(양모지 정중선 올리기) 5회

양손으로 발목 부위에 있는 피를 발가락 쪽으로 보낸다는 생각으로
발가락 쪽으로 쓸어 올린다.

● 발끝으로 혈액을 모는 형태로 양손에 강한 압력을 가하는 것이 중요하다.

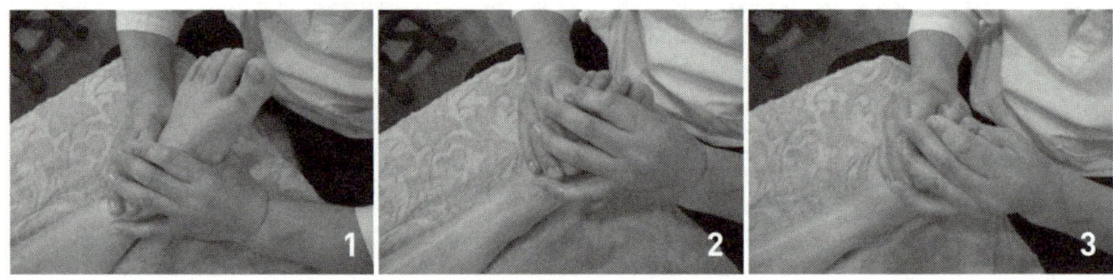

⑦ 칙칙폭폭(발등 기차 바퀴 후 풀어주기) 5회

양손을 주먹을 쥐고 기차 바퀴가 서로 맞물려 굴러가는 듯한 형태로
발등 부위를 골고루 마사지해주고 손바닥으로 풀어준다.

⑧ 팔랑팔랑(양모지 눌렀다가 펴기) 8회

나비가 날개를 폈다 오므리는 형태로 양손의 엄지손가락을 발바닥의

반사점인 부신→신장→소장→신장 부위를 눌러주면서 마사지한다.

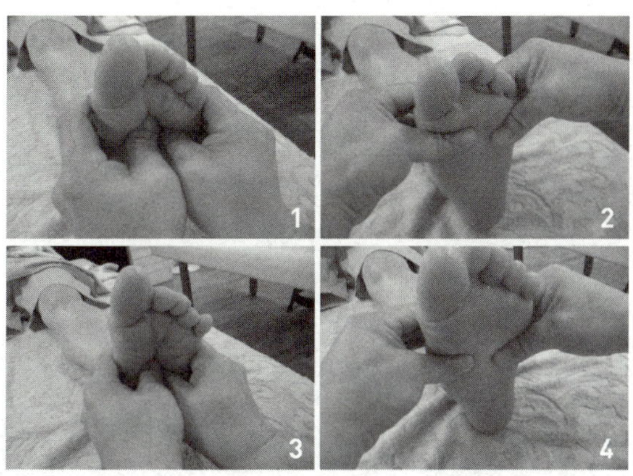

⑨ 구멍 파기(복사뼈 밑 → 중지 사용해서 강하게) 5회

양손의 중지를 사용해 복사뼈 주위를 원을 그리며 자극하는 방법으로, 중요한 것은 포크레인이 흙을 퍼내는 식으로 복사뼈 아랫부분을 강하게 퍼올린다.

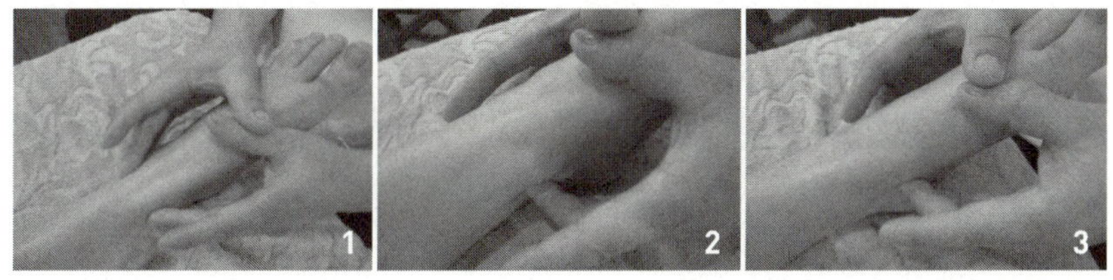

⑩ 십리로 (반복 3회)

양손의 엄지를 사용해 발바닥 아래에서 신장 쪽으로 쓸어 올린 후 신장을 양손의 엄지로 강하게 자극한다.(3회 반복) 연이어 왼손(오른손)에 발을 올리고 오른손(왼손)으로 발바닥 아래에서 위로 쓸어 올린 후 발가락을 90도 각도로 꺾어주고 발 정강이 쪽으로 쓸어 올렸다가 다시 발바닥 쪽으로 내려온다.(3회 반복)

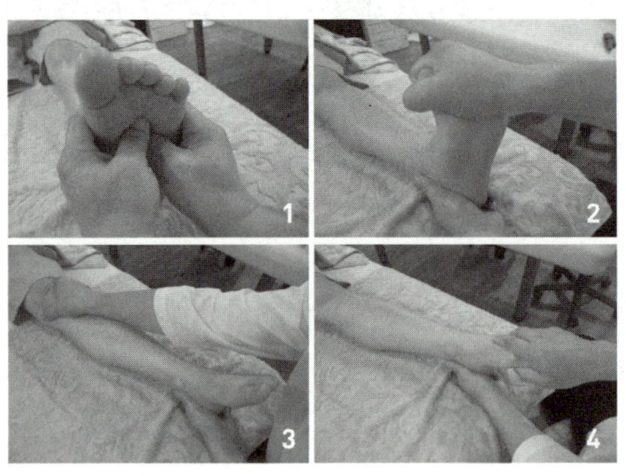

⑪ 일일이 (갑상선 및 발가락 풀어주기) 3회

왼손의 엄지로 발의 갑상선 부위를 3회 쓸어 올리고 양손의 엄지손가락을 이용하여 발가락 사이사이를 연속해서 풀어준다.

발혈치유 배우기

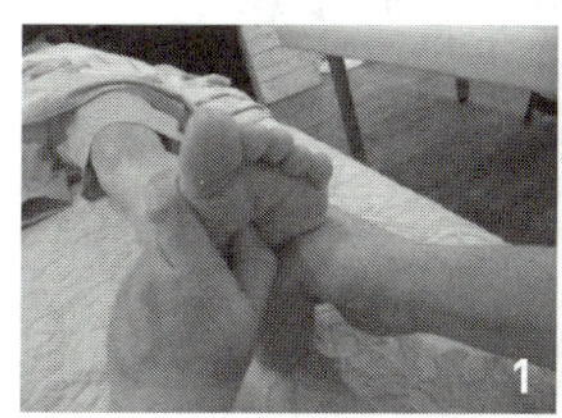
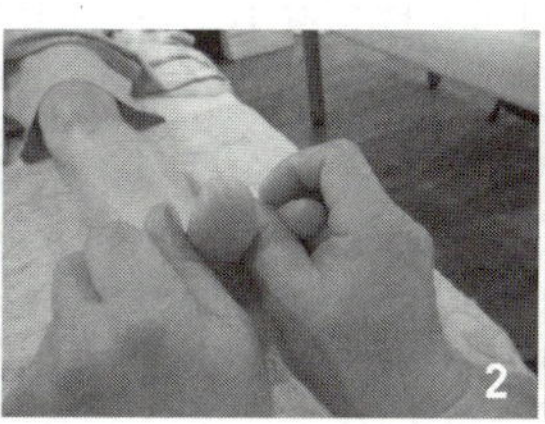
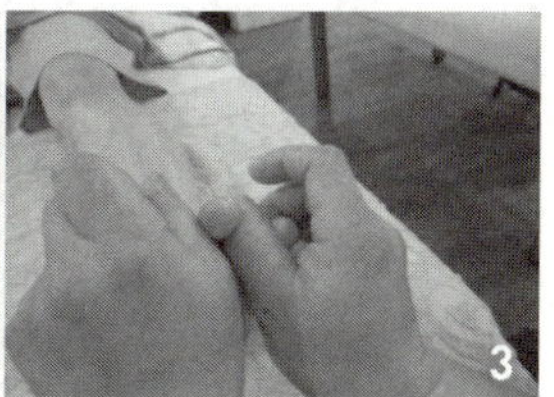

⑫ 이빨 빼기 (발가락 튕기기) 1~2회

왼손으로 발의 윗부분을 잡고, 오른손으로 각각의 발가락의 좌우를
위아래로 자극한 후 45도 돌린 다음 위로 튕겨준다.

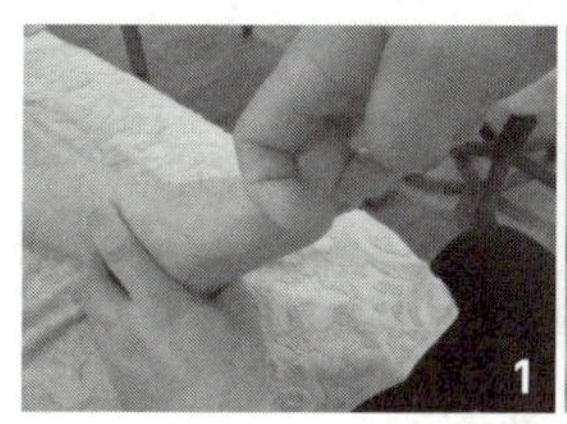
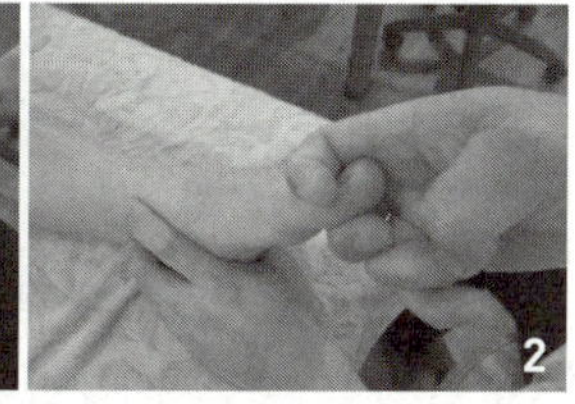

⑬ 삼익피아노
(전두동 자극하기) 3회

왼손은 발의 윗부분을 잡
은 후 오른손을 사용하여
피아노를 치듯이 좌에서
우로, 우에서 좌로 발가락
끝을 자극해 준다.

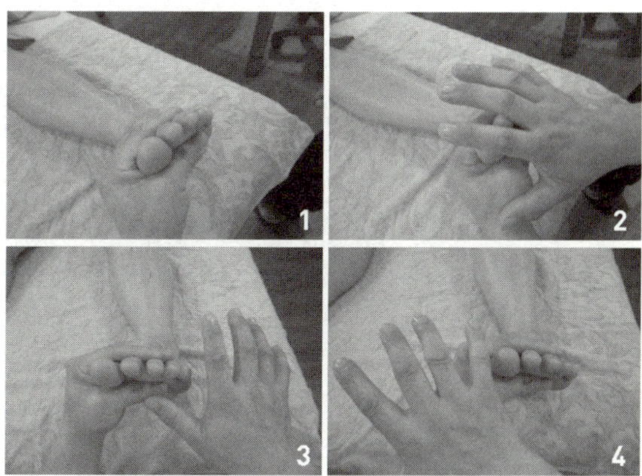

⑭ 14번 국도(발등 엄지와 검지사이 → 쓸어내리고 올림) 5회

발등의 엄지발가락과 둘째 발가락 사이를 양손의 엄지를 사용해 쓸어
내렸다가 올린다.

● 눈의 반사점은 둘째와 셋째 발가락 사이 시작 부위에 있다.

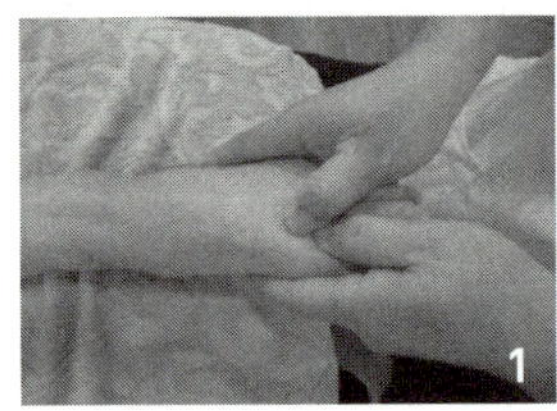 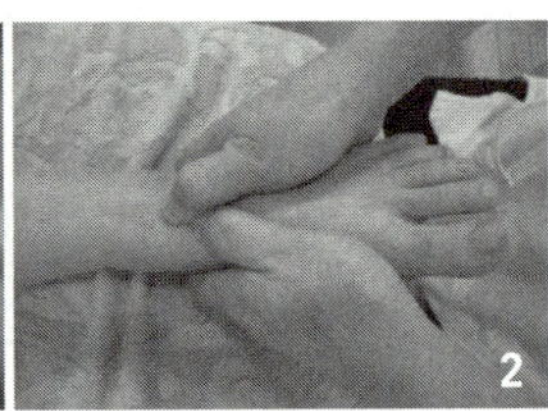

⑮ 15번 국도(발등 둘째와 넷째 발가락 사이 → 쓸어내리고 올림) 5회

발등의 둘째 발가락과 셋째 발가락 사이, 셋째 발가락과 넷째 발가락
사이를 양손의 엄지를 사용해 쓸어내렸다가 올린다.

● 흉부 반사점이 심하게 아픈 경우 내과 진료를 권하는 것이 좋다.

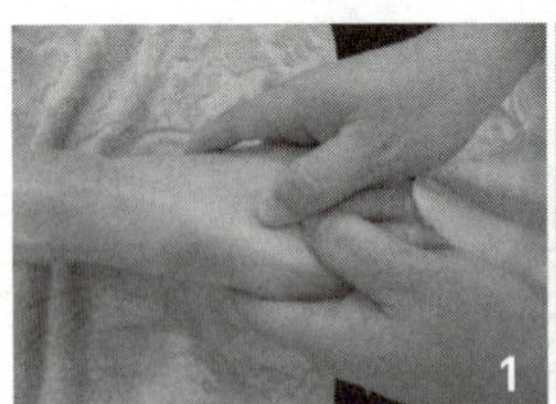 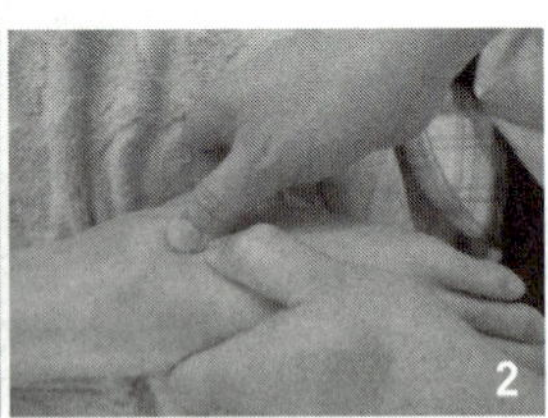

발혈치유 배우기

16 16번 국도(발등 새끼발가락 부위 → 쓸어내리고 올림) 5회

발등의 넷째 발가락과 새끼발가락 사이를 양손의 엄지를 사용해 쓸어
내렸다가 올린다.

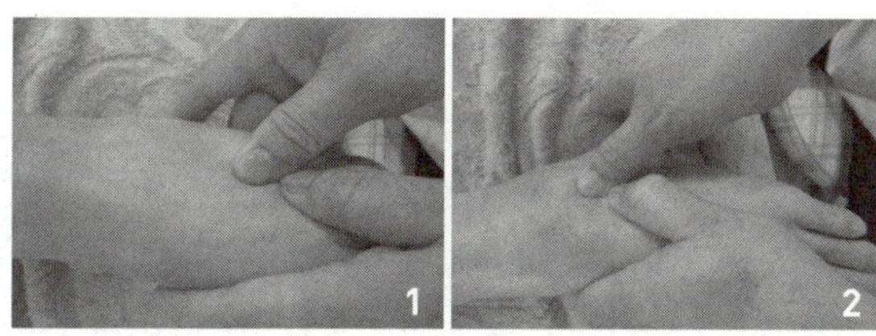

17 외곽 고속도로(어깨-팔-무릎-외미골) 3회

발의 바깥쪽 부분을 자극하는 방법으로 왼손은 발가락 부분을 잡고
오른손은 주먹을 쥔 상태로 검지와 중지의 손가락 마디를 이용하여
위에서부터 천천히 아래로 자극을 한다.

● 마무리 부분은 일어나서 왼손은 종아리 쪽으로, 오른손은 발뒤꿈치 부분을
  자극한다.

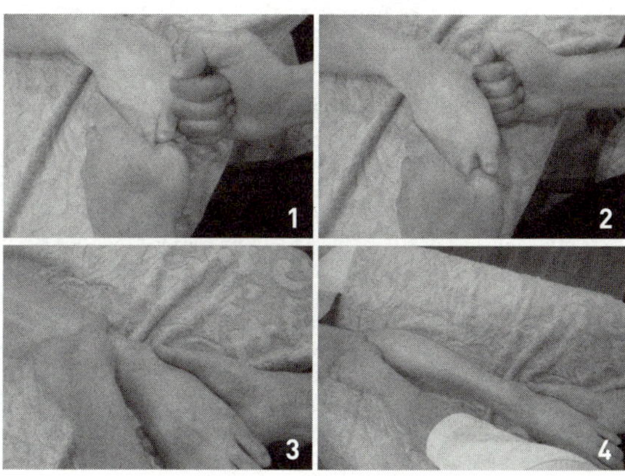

18 14번 국도와 동일(발등 엄지와 검지사이 → 쓸어내리고 올림) 5회

발등의 엄지발가락과 둘째 발가락사이를 양손의 엄지를 사용하여 쓸
어 내렸다가 올린다.

- 눈의 반사점은 둘째와 셋째발가락 사이 시작부위에 있다.

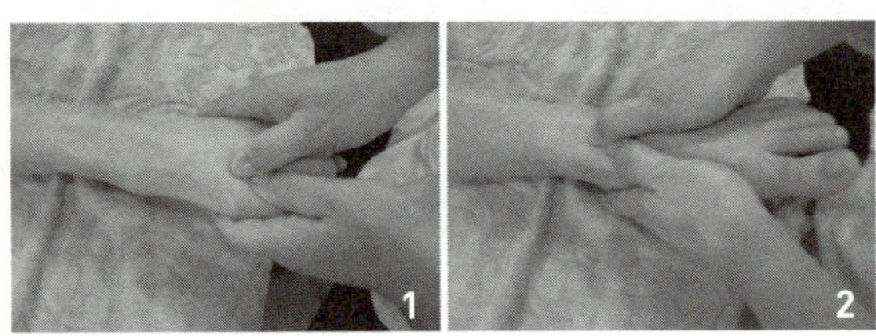

19 내부 고속도로(코-경추-흉추-요추-내미골)

발의 안쪽 부분을 자극하는 방법으로, 오른손은 엄지발가락 사이에
끼우고 왼손은 주먹을 쥔 상태로 검지와 중지의 손가락 마디를 이용

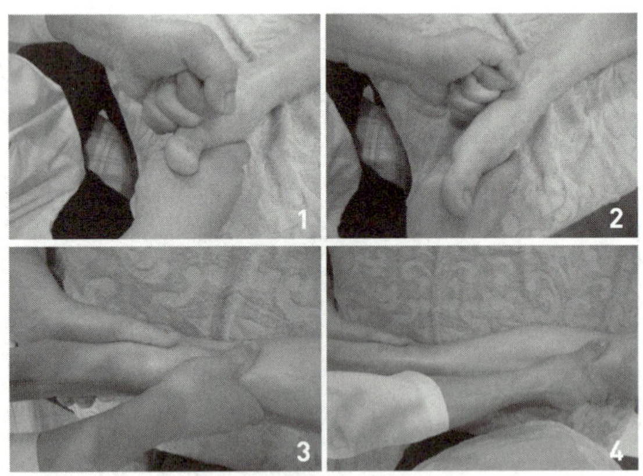

발혈치유 배우기

해 위에서부터 천천히 위아래로 자극을 한다.

- 마무리 부분은 일어나서 오른손은 종아리 쪽으로, 왼손은 발뒤꿈치 부분을 자극한다.

⑳ 이등분(발의 중간 부분 검지, 중지 중심) 8회

양손의 검지와 중지만 사용해 발의 횡격막 부위를 좌우로 반복한다.

- 발바닥의 심장(왼발) 부위를 자극하는 데 목적이 있다.

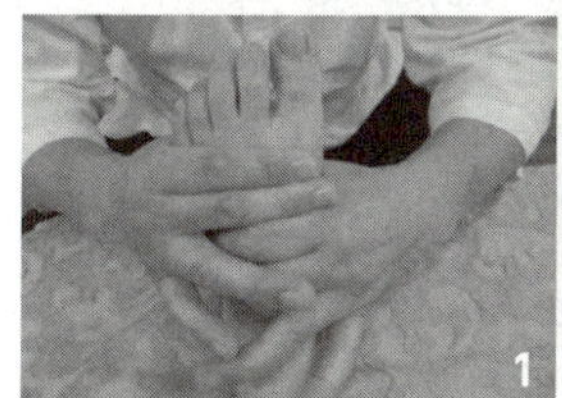
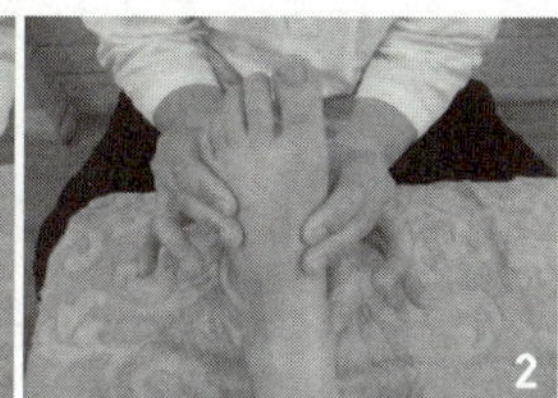

㉑ 늑골/ 상 · 하반신 임파선(복사뼈 부분) 3회

양손의 엄지를 사용하여 발등 부위를 자극한 후 엄지를 사용해 복사뼈 주위를 원을 그리며 자극하는 방법으로 고관절과 달리 중요한 것은 복사뼈 윗부분을 강하게 자극해야 한다.

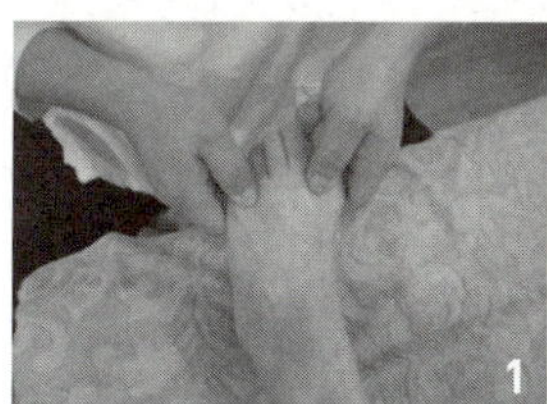
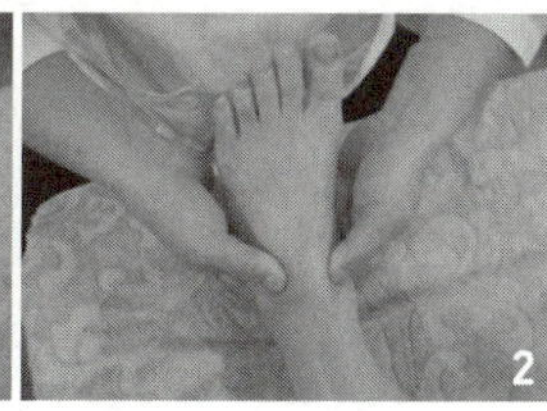

㉒ 구멍 파기(복사뼈 밑 → 중지 사용해서 강하게) 5회

양손의 중지를 사용해 복사뼈 주위를 원을 그리며 자극하는 방법으로 중요한 것은 포크레인이 흙을 퍼내는 식으로 복사뼈 아랫부분을 강하게 퍼올린다.

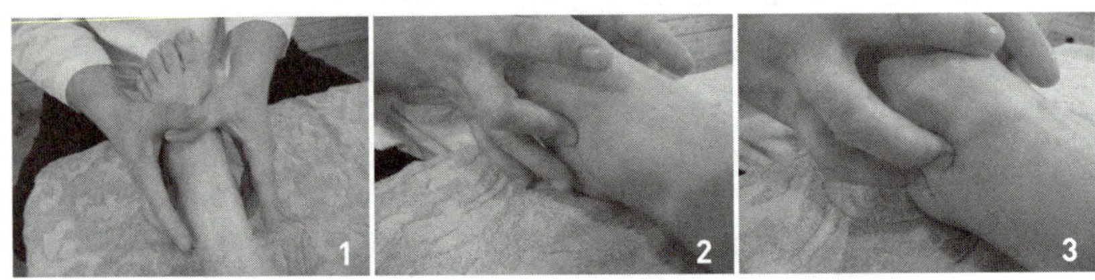

1단계만으로도 충분히 발혈치유가 가능하므로 2~3회 반복한다. 1단계 발마사지만 할 경우 7번~13번과 14번~16번은 반복한다.

발혈치유 배우기

2단계 발혈치유 실습

1단계를 다 마친 후, 2단계는 일어서서 시술하며 발밑에 깔려있는 수건은 제거한다. 2단계 발마사지는 발의 앞부분과 종아리, 무릎, 허벅지의 긴장 완화와 이완을 목적으로 하며, 1단계로 발을 충분히 풀어준 다음에 2단계로 넘어가야 한다. 각각의 동작을 2~3회 반복하면 효과가 좋다.

2단계 발마사지도 1단계와 마찬가지로 동작을 묘사한 이름을 붙여서 쉽게 연상할 수 있다. 또한 맨 앞 글자가 하나, 둘, 셋, 넷으로 시작하므로 순서대로 외우기도 좋다. 단, 10~17번 동작은 1단계의 6~13번 동작과 같다.

1. 펴 바르기(할머니 걸레질)

2. 두 손 교차(두부장수 두부 자르기)

3. 두 손 엄지 3행성 교차(새색시 등산하기)

4. 양모지로 비골, 경골 쓸어 올리기(냇가에서 고기 잡기)

5. 양삼지로 비골, 경골 쓸어 올리기(다람쥐 알밤 까기)

6. 양손으로 쓸고 슬개골 누르고 돌리기(여학생 정답 찍기)

7. 양손으로 쓸고 슬아 8점압 두 손 교차(일꾼 땅 파기)

8. 아킬레스건, 비복근 풀어 주기(엿장수 엿 늘리기)

☞오른발로 이동

9. 발목 비틀기(아버지 동서남북)

10.(6.) 두 손 감싸 위로 쓸기(육수 짜기)

11.(7.) 발등 감싸주기(칙칙폭폭)

12.(8.) 흉곽 이완시키기(팔랑팔랑)

13.(9.) 고관절(구멍 파기)

14.(10). 정중선 밀어 올리기(십리로)

15.(11). 발가락 풀기(일일이)

16.(12). 발가락 이완시키기(이빨 빼기)

17.(13). 피아노 치기(삼익피아노)

발혈치유 배우기

① 할머니 걸레질 (2단계 스크럽)

마사지 크림을 양손에 충분히 바른 후 발의 앞부분과 종아리, 무릎, 허벅지(무릎 위 10cm)까지 골고루 펴 바르는데 목적이 있다. 양손을 번갈아 가면서 발등에서 무릎 위까지 충분히 쓸어 올린 후(6회~7회) 무릎 위에서 오른손으로 턴하여 양손으로 치약을 짜듯이 움켜잡고 엄지 발끝으로 내려온다.

② 두부장수 두부자르기 (종아리부분과 발의 앞부분 자극)

앞에서 2단계 스크럽을 실시한 후 무릎 위에서 턴한 다음 엄지발가락을 향해 내려오면서 종아리 뒤에서 양손의 네 손가락을 교차하여 종아리를 자극하면서 내려오는 것을 3회 실시한다. 발의 앞부분에서 발 안쪽을 1행선, 일명 조인트 바깥 부분을 2행선, 발의 바깥 부분을 3행선이라 지칭하는데, 종아리를 자극하며 내려오는 앞 동작을 실시한 후 발의 앞부분에 있는 1행선과 3행선을 양 엄지손가락으로 자극하며 발등 부위에서 두 손을 교차하면서 마무리한다.

③ 새색시 (등산하기) -1, 2, 3행선 각 3회

발에 있는 1, 2, 3행선의 자리를 양손의 엄지를 사용하여 발등에서 무릎까지 자극하며 올라간 후 2단계 스크럽으로 마무리한다.

④ 냇가에서 고기 잡기

양손의 엄지를 사용하여 1행선과 3행선 자리를 발등에서 무릎 위(두 손이 교차해야 함)까지 쓸어 올린 후 2단계 스크럽으로 마무리한다.

⑤ 다람쥐 알밤 까기

양손의 삼지를(기차 바퀴) 사용하여 1행선과 3행선 자리를 발등에서 무릎 위까지 쓸어 올리며 자극한 후 2단계 스크럽으로 마무리한다.

⑥ 여학생 정답 찍기

2단계 스크럽 실시 후 양손의 엄지를 사용하여 무릎 주위 경혈 자리를 8군데와 반 쪼개기, 완전 쪼개기 자극 후 2단계 스크럽으로 마무리한다.

⑦ 일꾼 땅 파기

2단계 스크럽 실시 후 양손의 사지를 이용해 무릎 뒤 위중(委中: 다리 오금의 가로금 중간 부위) 자리를 자극한 다음 2단계 스크럽으로 마무리한다.

⑧ 엿장수 엿 늘리기

2단계 스크럽 실시 후 양손으로 발을 들어올려 한손은 발목을, 다른 한손은 비복근을 자극한 후 아킬레스건을 잡아당긴다.

● 여기까지 왼발을 시술한 후 오른발로 이동하여 같은 방법으로 시술하고 9번

⑨ 아버지 동서남북

양손을 사용하여 시술받는 사람의 발을 앞으로, 뒤로, 좌로, 우로 잡
아당기고 압력을 가한다.

- 여기서부터 다시 1단계의 6~13번까지를 반복하는데, 다시 수건을 발밑에
  깔고 실시한다.

⑩ 육수짜기(양모지 정중선 올리기) 3회

다시 왼쪽 발부터 양손으로 발목 부위에 있는 피를 발가락 쪽으로 보
낸다는 생각으로 발가락 쪽으로 쓸어 올린다.

- 치약을 짜는 형태로 양손에 강한 압력을 가하는 것이 중요하다.

⑪ 칙칙폭폭(발등 기차 바퀴 후 풀어주기) 3회

양손을 주먹 쥐고 기차가 서로 맞물려 굴러가는 듯한 형태로 발등 부
위를 골고루 마사지해 준 다음 손바닥으로 풀어준다.

⑫ 팔랑팔랑(양모지 눌렀다가 펴기) 3회

나비가 날개를 폈다 오므리는 형태로 양손의 엄지손가락을 발바닥의
반사점인 부신→신장→소장→신장 부위를 눌러주면서 마사지한다.

⑬ 구멍 파기 (복사뼈 밑) 3회

양손의 중지를 사용해 복사뼈 주위를 원을 그리며 자극하는 방법으로 중요한 것은 포크레인이 흙을 퍼내는 식으로 복사뼈 아랫부분을 강하게 퍼올린다.

⑭ 십리로 (한손으로 정중선 밀어 올리기) 3회 반복

양손의 엄지를 사용하여 발바닥 아래에서 신장 쪽으로 쓸어 올린 후 신장을 양손의 엄지로 강하게 자극한다.(3회 반복) 연이어 왼손(오른손)에 발을 올리고 오른손(왼손)으로 발바닥 아래에서 위로 쓸어 올린 후 발가락을 90도 각도로 꺾어 주고 발 정강이 쪽으로 쓸어 올리고 다시 발바닥 쪽으로 내려온다.(3회 반복)

⑮ 일일이 (갑상선 및 발가락 풀어주기) 3회

왼손 엄지로 발의 갑상선 부위를 3회 쓸어 올리고 양손의 엄지손가락을 이용하여 발가락 사이사이를 연속해서 풀어준다.

⑯ 이빨 빼기 (발가락 튕기기) 1회

왼손으로 발의 윗부분을 잡고, 오른손으로 각각의 발가락의 좌우를 위아래로 자극한 후 45도 돌린 다음 위로 튕겨준다.

발혈치유 배우기

삼익피아노 (전두동 자극하기) 3회

왼손은 발의 윗부분을 잡은 후 오른손을 사용하여 피아노를 치듯이 좌에서 우로, 우에서 좌로 발가락 끝을 자극해 준다.

3단계 발혈치유 실습

3단계 발혈치유는 반사구를 자극해 우리 몸의 자연치유력을 향상시키는 데 그 목적이 있다. 3단계는 발의 긴장이 충분히 풀려 이완된 후에 실시하는데 1, 2단계와 달리 마사지 봉을 사용한다. 봉을 쓰는 방법은 (기초반사구), (머리), (동, 서, 남, 북), (기초반사구), 이렇게 4가지가 있다. 시작하는 기초반사점은 5-9-5-5, 마무리 기초반사점은 3-6-3-3, 나머지 반사점은 3초간 3회 실시를 기본으로 한다. 마사지 동작을 설명한 부분의 화살표는 봉의 방향을 나타내고 먼저 왼발부터 실시한다.

① 기초반사구 신장↓ 수뇨관↓ 방광 ↑ 요도╱

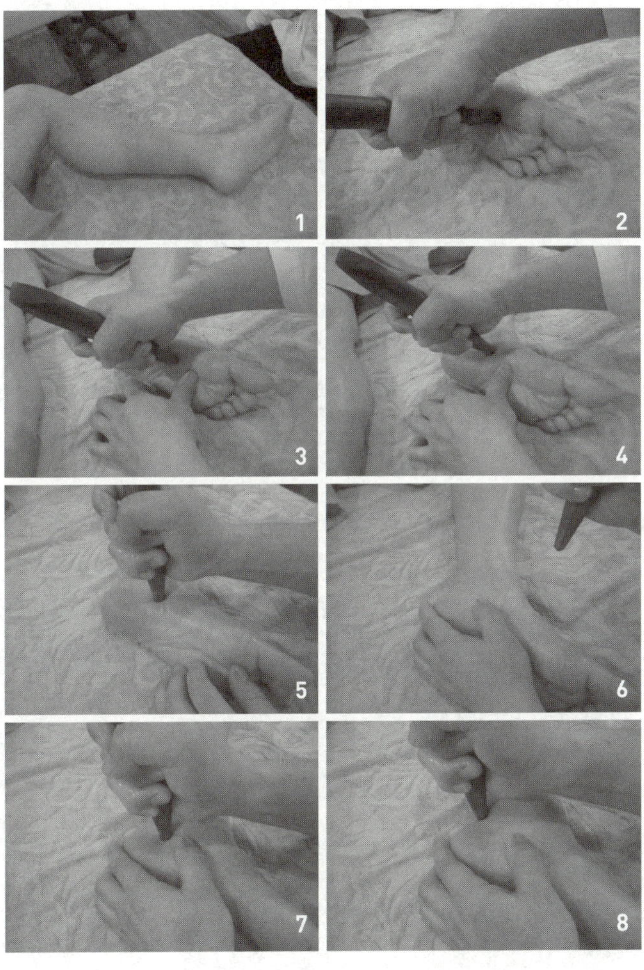

② **머리** 엄지발가락: 뇌하수체 ↻↑ 대뇌↓ 소뇌↓ 삼차신경↑

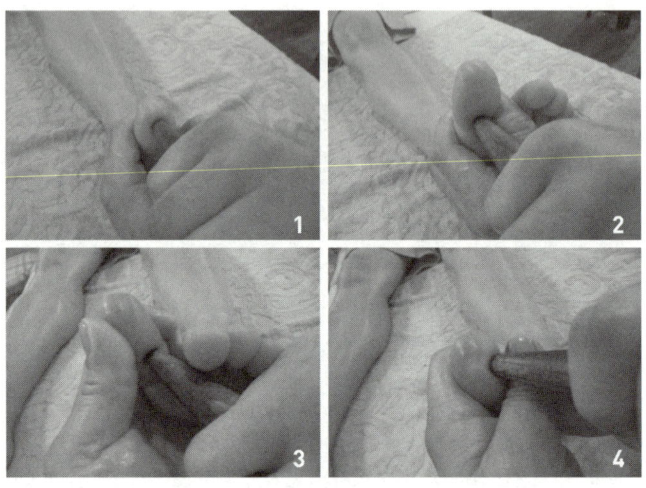

③ **머리** 엄지발가락: 코↓ 위턱 · 아래턱← 편도선↘↙ 경추↑

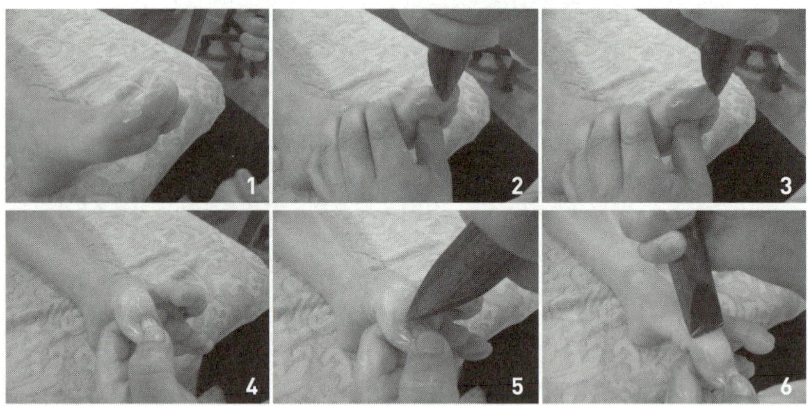

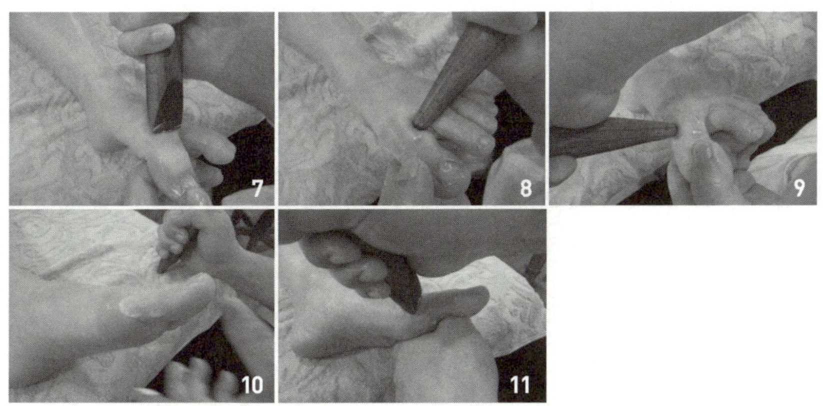

④ 동 발의 내측선: 부갑상선↑ 흉추↓ 요추↓ 선·미골↓ 내미골↑

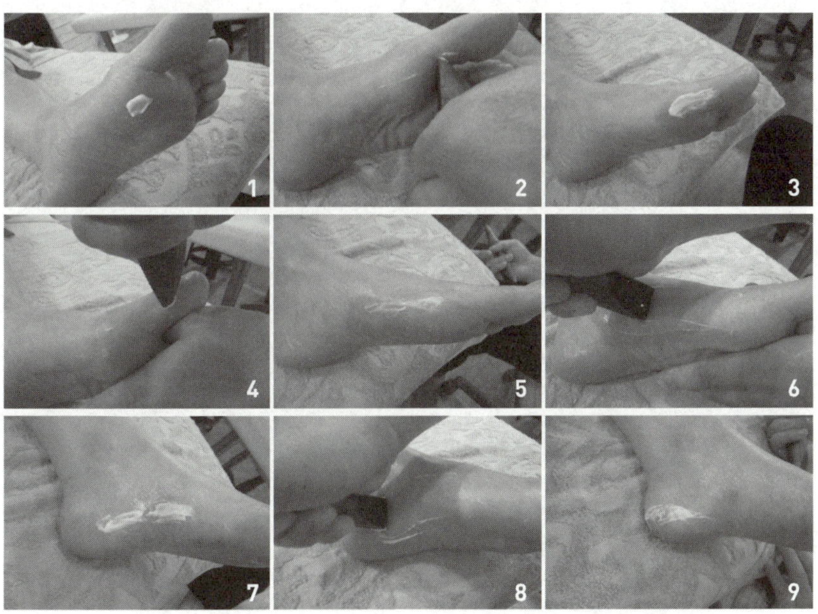

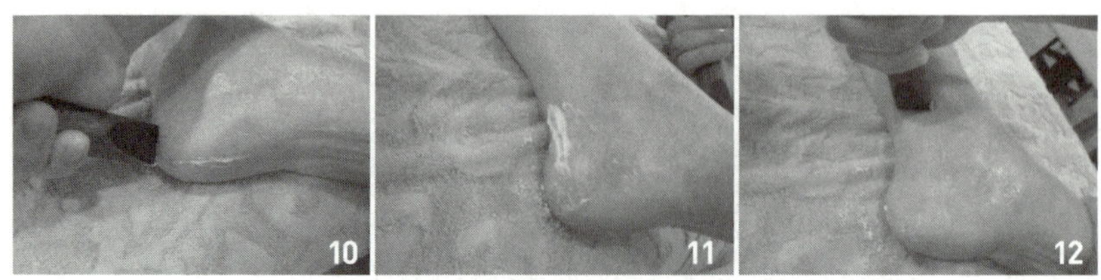

⑤ 서 발의 외측선: 전두동←↓↓어깨관절↑ 팔꿈치관절← 무릎관절
↑ 외미골↑

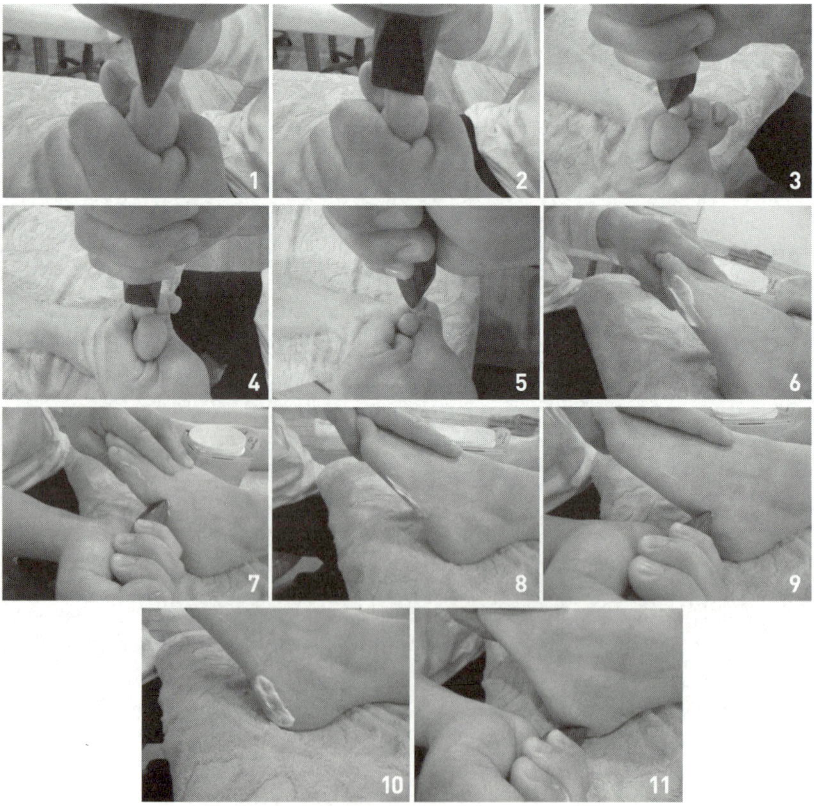

발혈치유 배우기

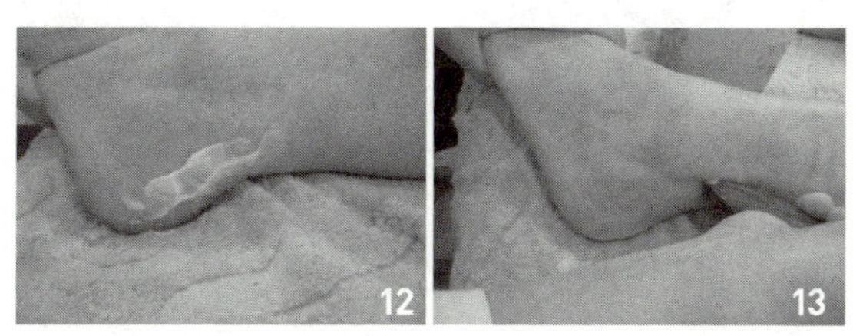

*발가락 사이 긁어주기 (무좀이 있는 경우는 삼간다.)

⑥ 남 발바닥: 목← 눈↑↓ 귀↑↓ 갑상선↑ 승모근← 폐·기관지↘↑

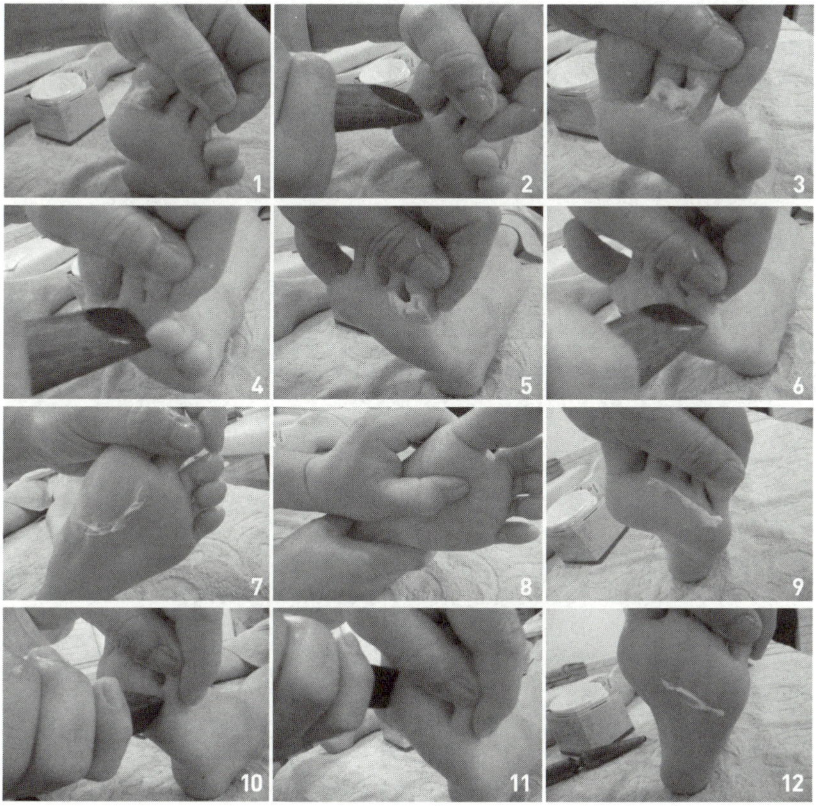

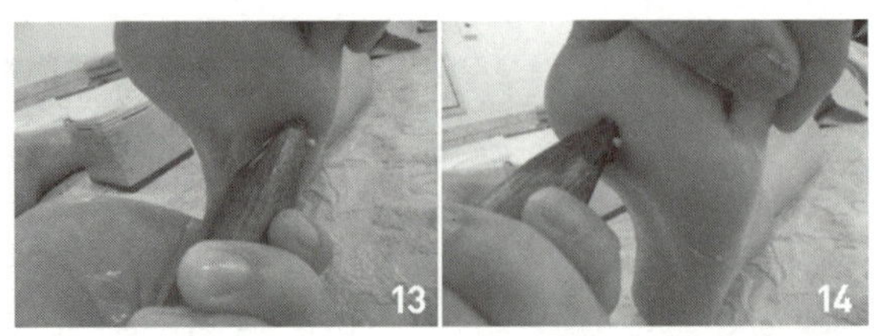

⑦ **남** 발바닥: 부신↑ 심장↑ 비장 → 복강신경총↑↑ 위장↓ 췌장↓ 십이지장↓ 소장↓↓ 생식선 → 생식기↑

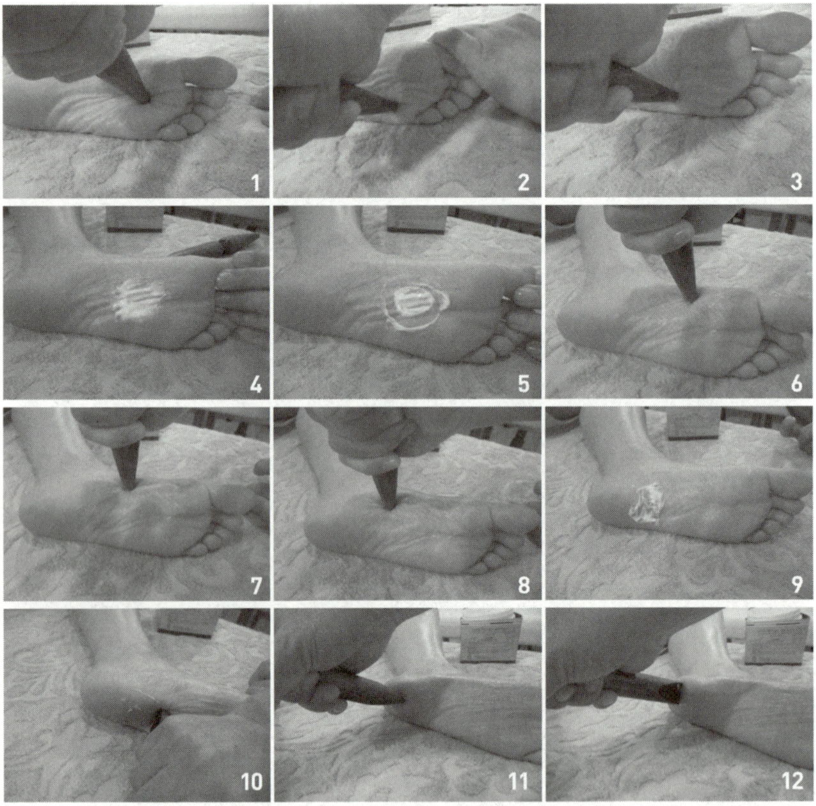

발혈치유 배우기

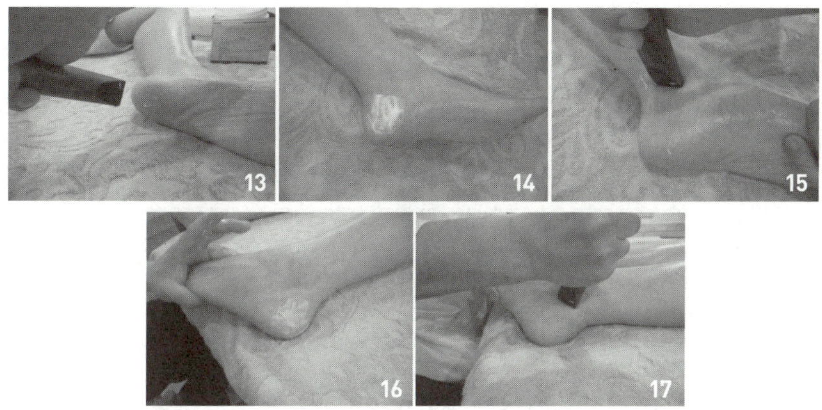

⑧ 북 발등과 발목: 흉부 임파선↑ 성대 · 인후 · 기관↑ 흉부↓ 눈↓ 귀↓ 평형기관↑ 견갑골↓

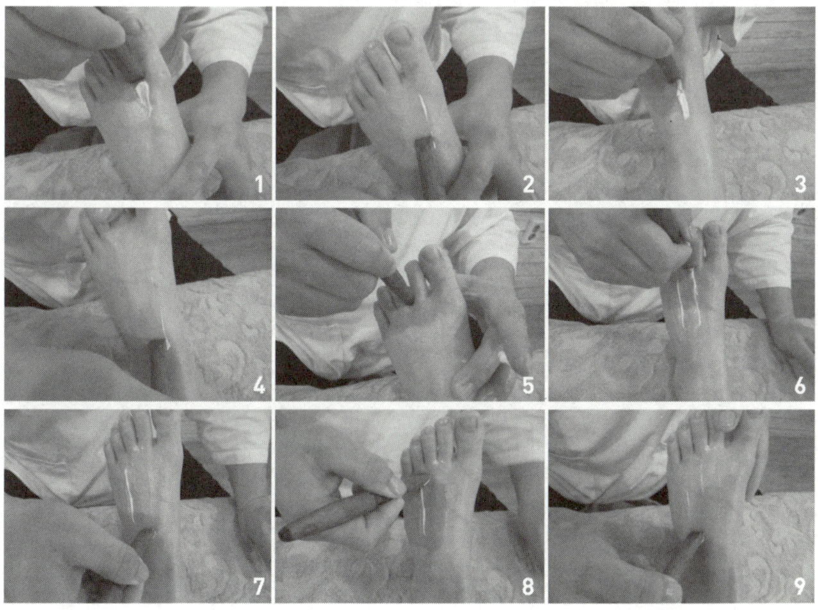

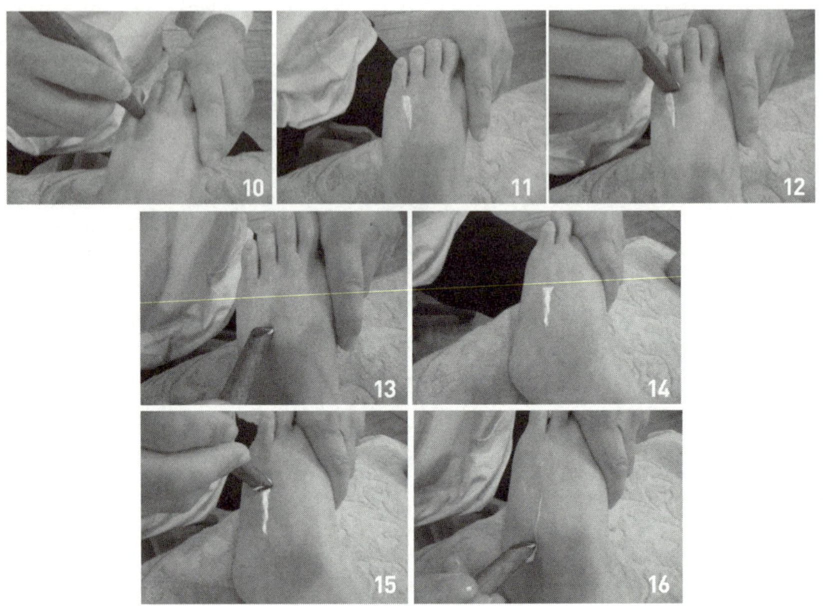

9 **북** 발등과 발목: 횡격막 ↰늑골↰ 서혜부╱ 상·하반신 임파선 ⇄ 고관절↑

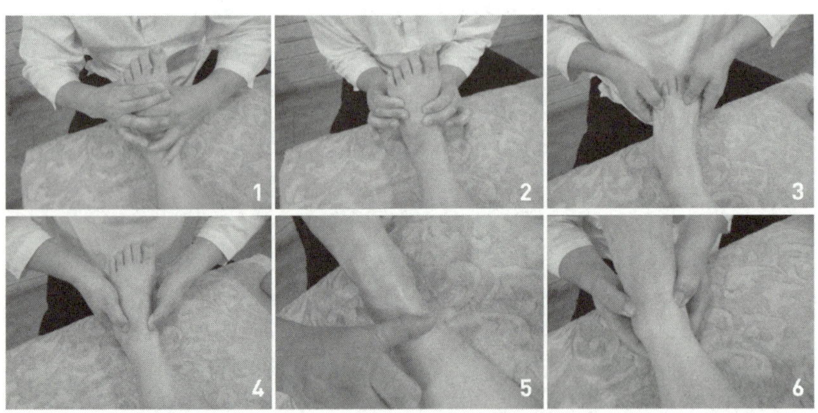

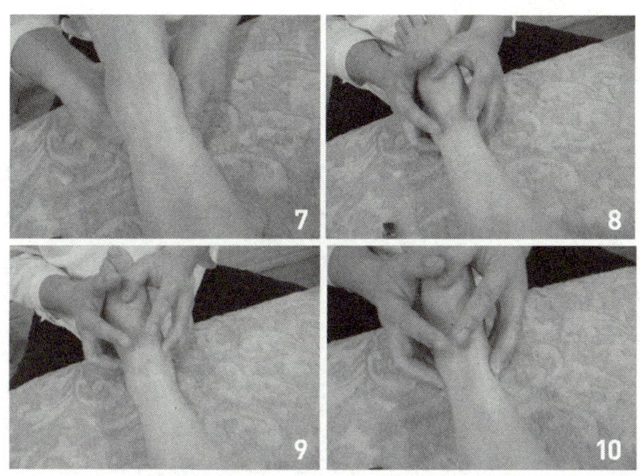

⑩ 북 발목 위: 대퇴신경(내측)↑ 좌골신경↑ 비골신경(외측)↑ 생식
선(외측)

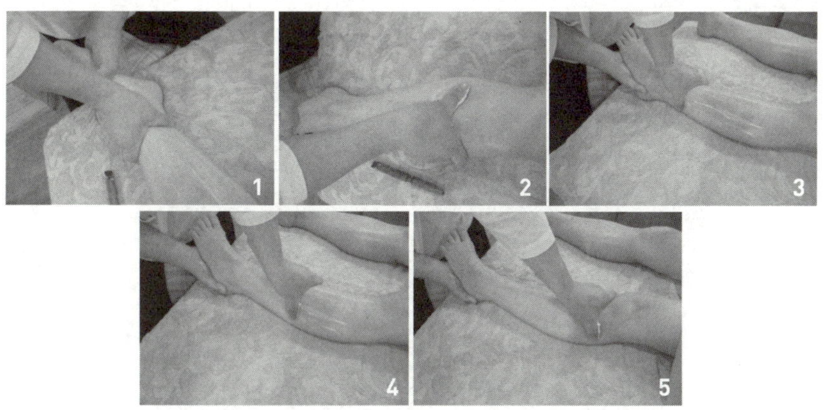

　　왼발 시술이 다 끝나면 오른발로 이동하며 방법은 왼발과 동일하
다. 단 17번과 21, 22번은 조금 다르므로 유의한다.

⑪ 기초반사구   신장↓ 수뇨관↓ 방광↑ 요도／

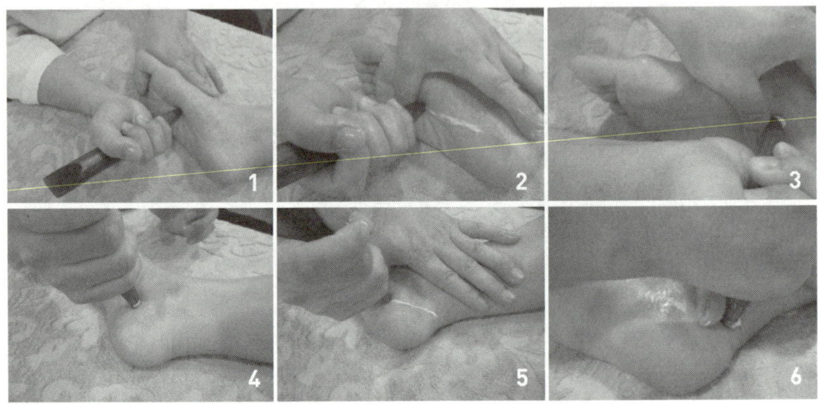

⑫ 머리   엄지발가락: 뇌하수체 ↻   대뇌↓ 소뇌↓ 삼차신경↑

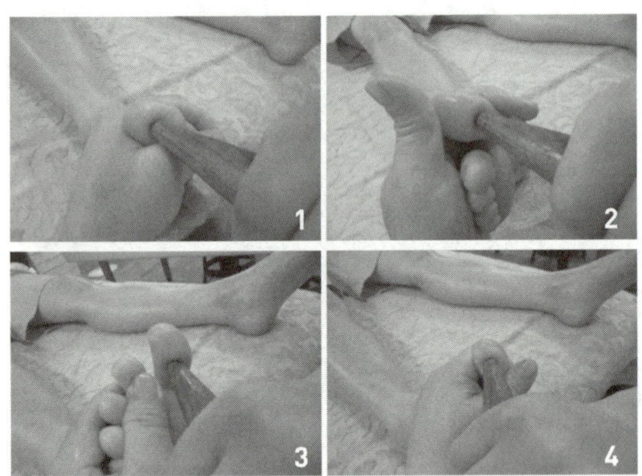

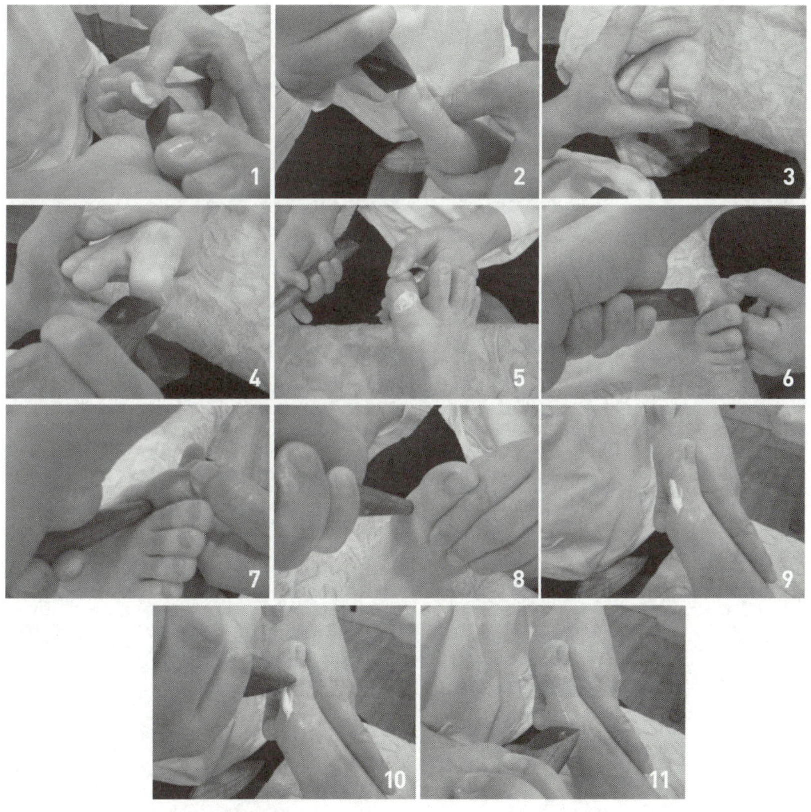

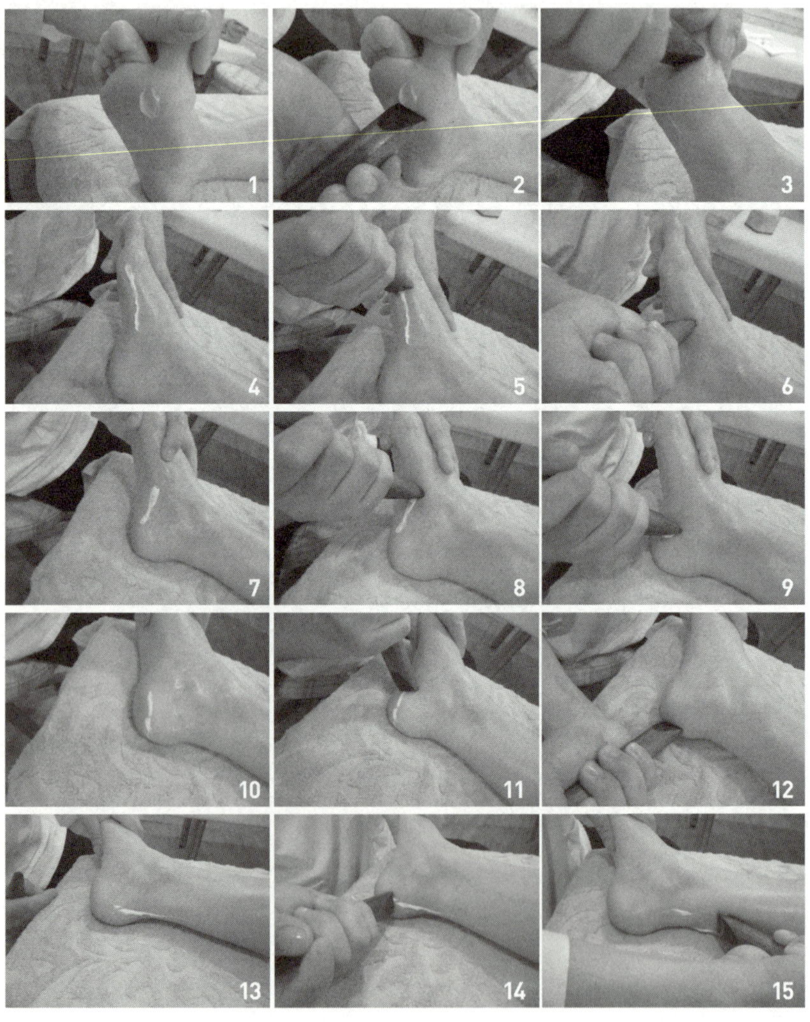

⑮ 서 발의 외측선: 전두동←↓↓ 어깨관절↑ 팔꿈치관절← 무릎관
절↑ 외미골↑

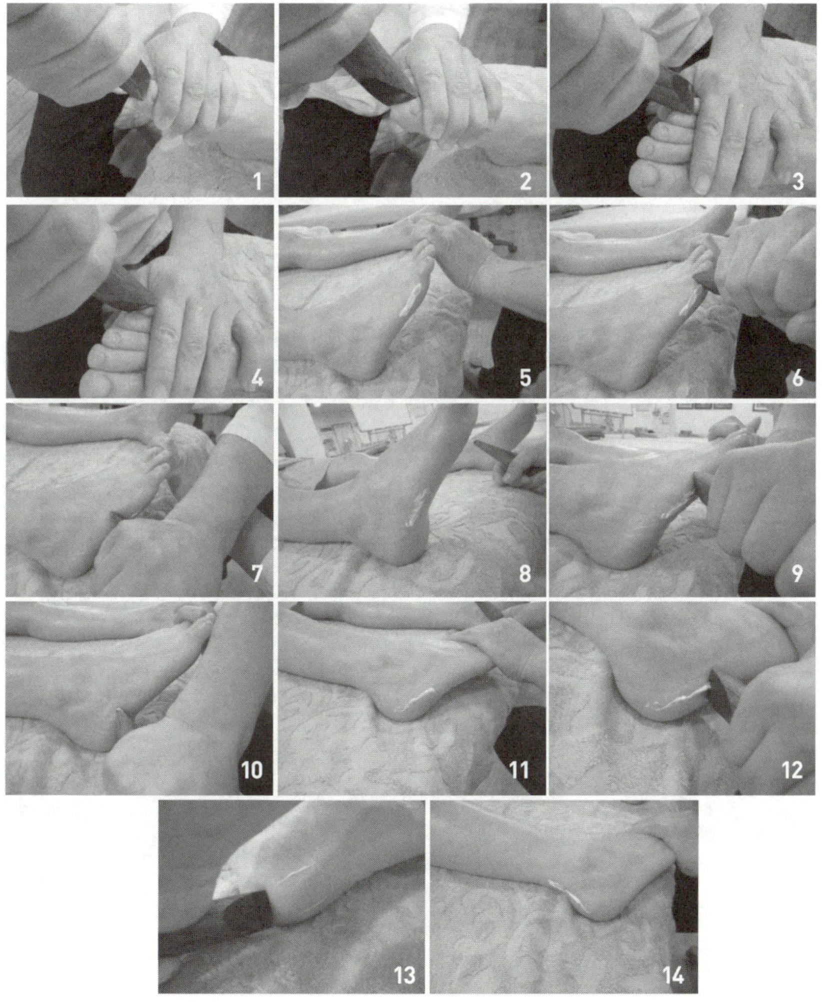

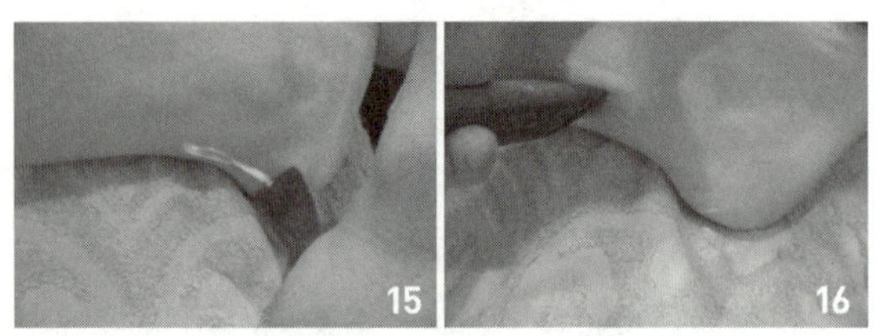

*발가락 사이 긁어주기 (무좀이 있는 경우는 삼간다.)

16 **남** 발바닥: 목←눈↑↓ 귀↑↓ 갑상선↑ 승모근←폐·기관지↘↑

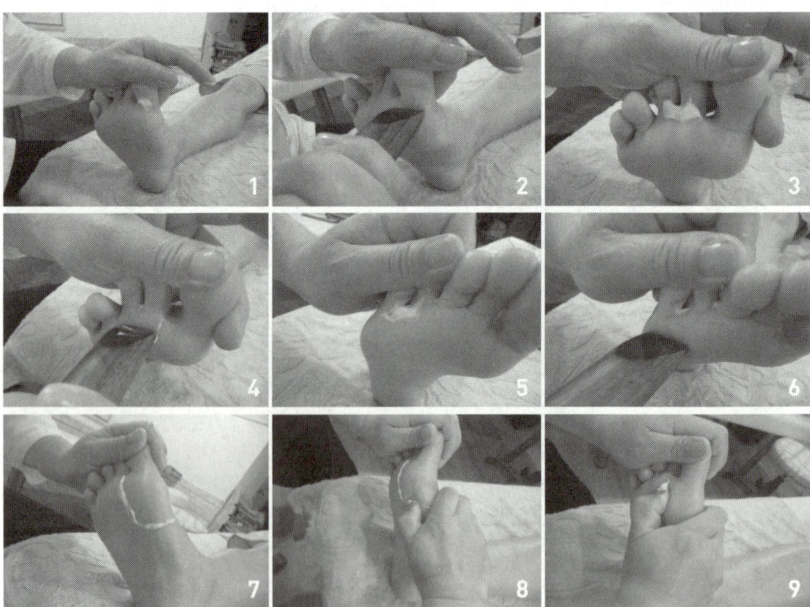

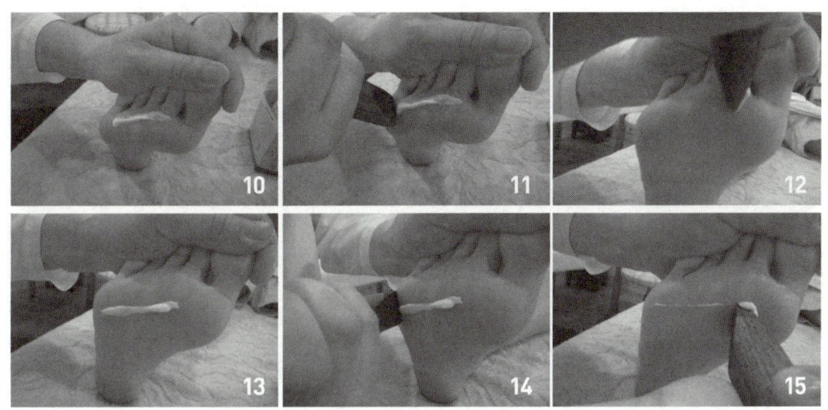

⑰ 남 발바닥: 부신↑ 간장↑ 담낭 → 복강신경총↑↑ 위장↓ 췌장
↓ 십이지장↓ 소장↓↓ 생식선 → 생식기↑

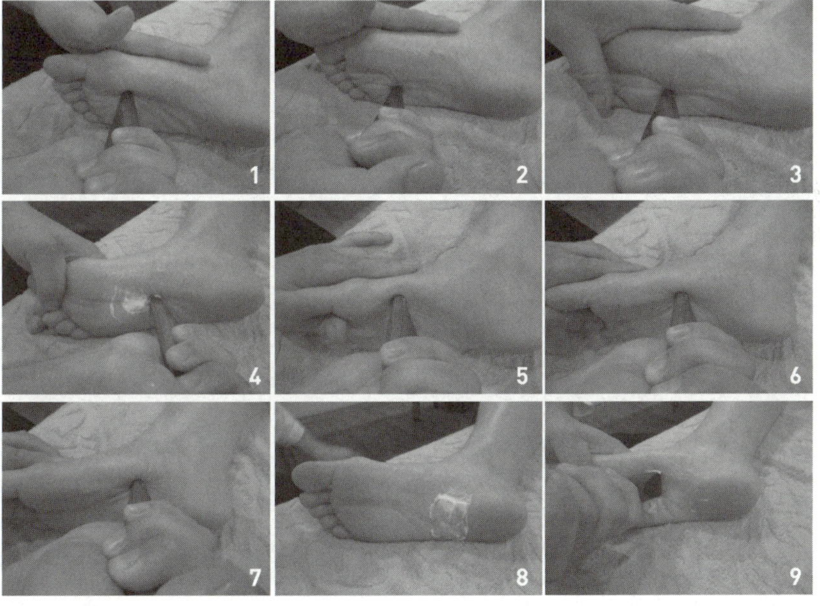

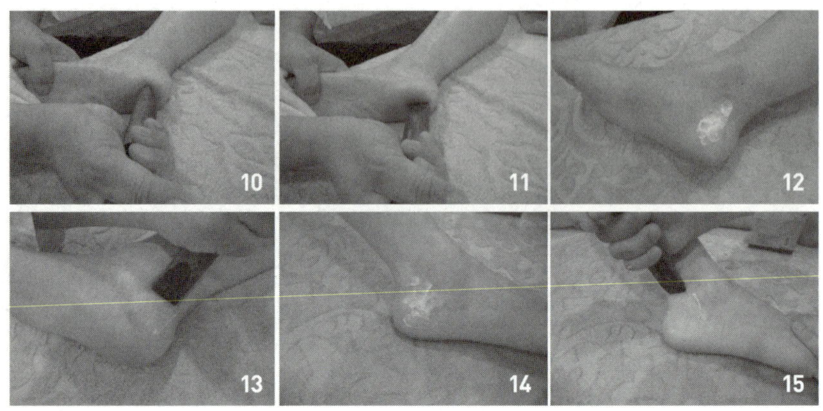

18 **북** 발등과 발목: 흉부임파선↑ 성대·인후·기관↑ 흉부↓ 눈↓
귀↓ 평형기관↑ 견갑골↓

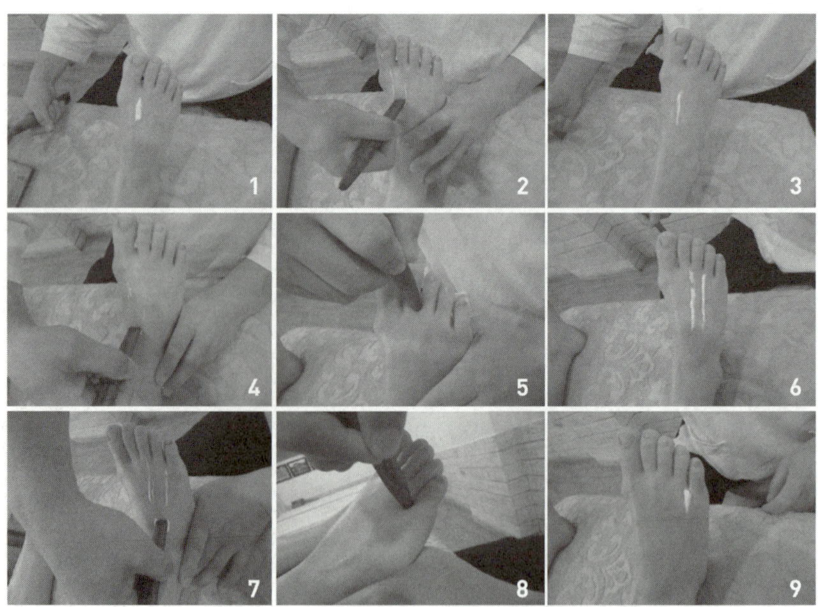

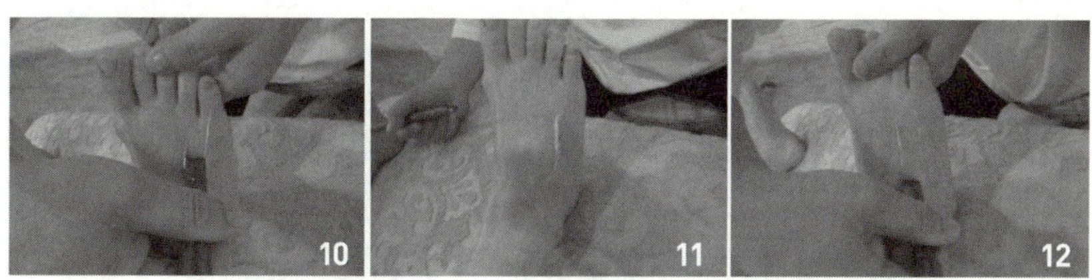

⑲ 북 발등과 발목: 횡격막 ⇆ 늑골⇆ 서혜부／ 상·하반신 임파선
⇄ 고관절↑

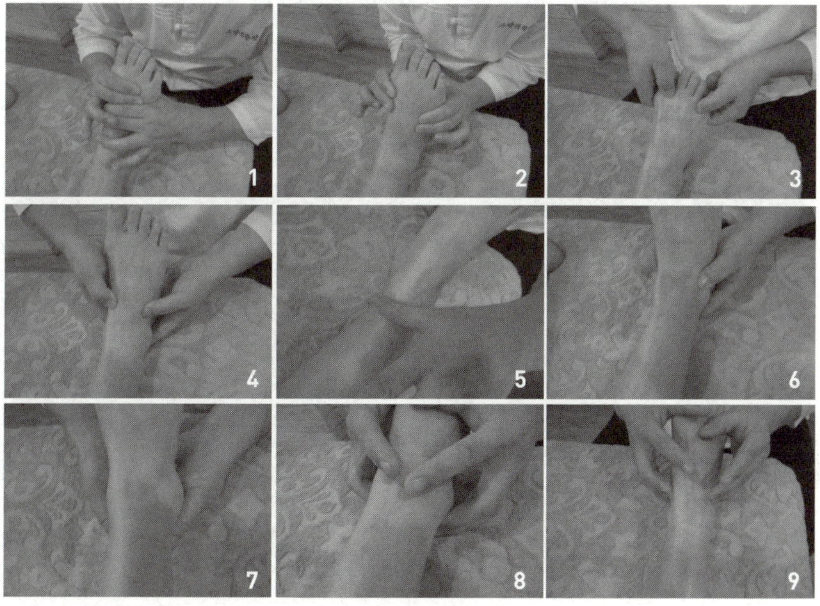

⑳ 북 발목 위: 대퇴신경(내측)↑ 좌골신경↑ 비골신경(외측)↑ 생식
선(외측)

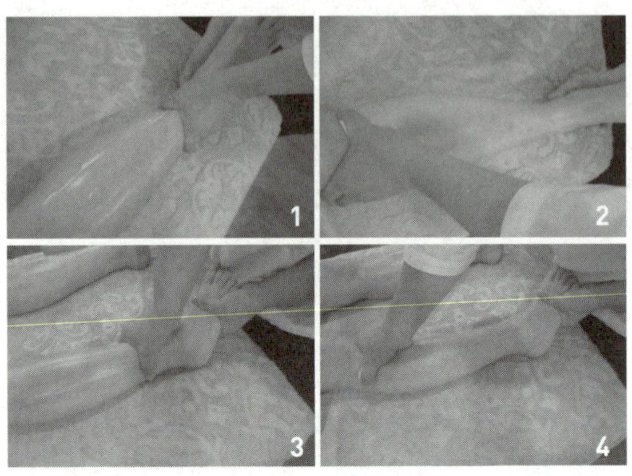

㉑ 대장 부위 : (오른발 계속) 맹장↓ 회맹판↓ 상행결장↑ 횡행결장→

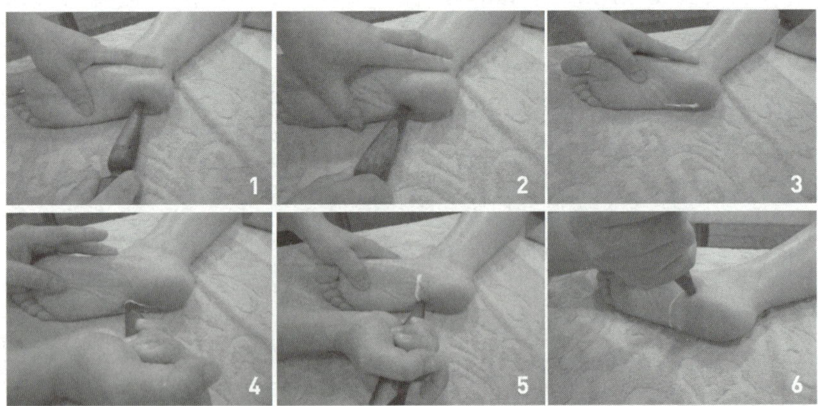

(왼발로 이동) 횡행결장← 하행결장-직장← 항문↓

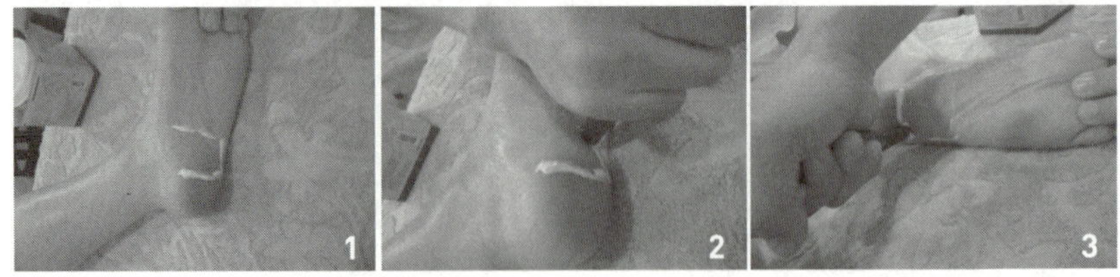

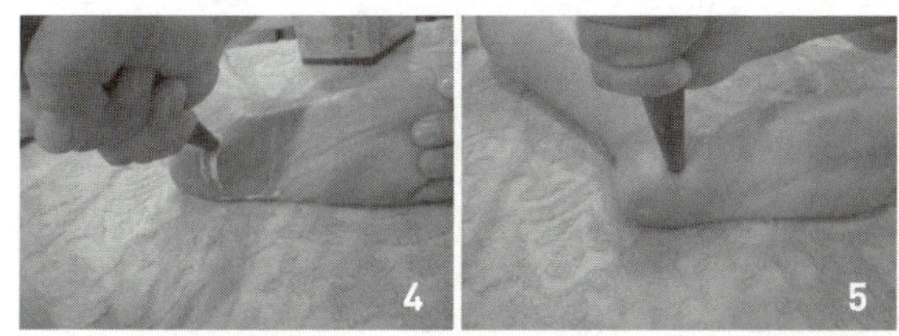

21 기초반사구로 마무리 : (왼발 계속) 신장↓ 수뇨관↓ 방광↑ 요도╱

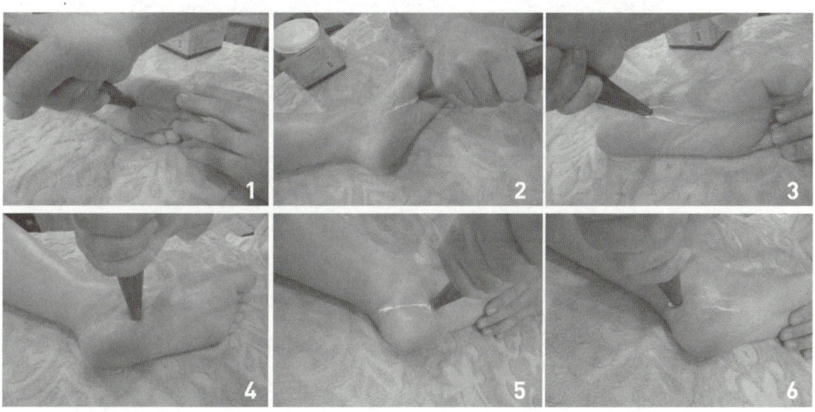

(오른발로 이동) 신장↓ 수뇨관↓ 방광↑ 요도╱

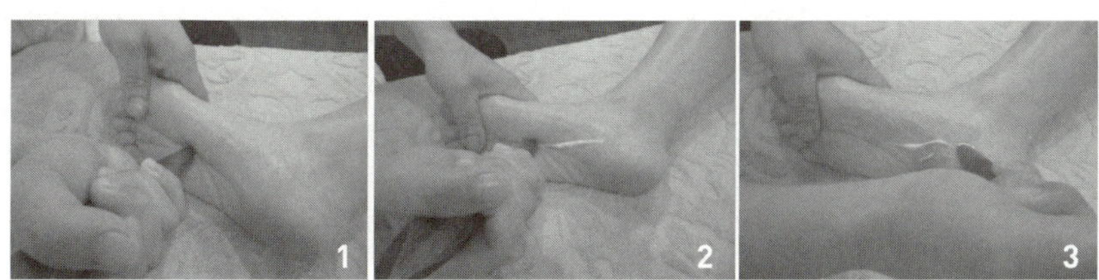

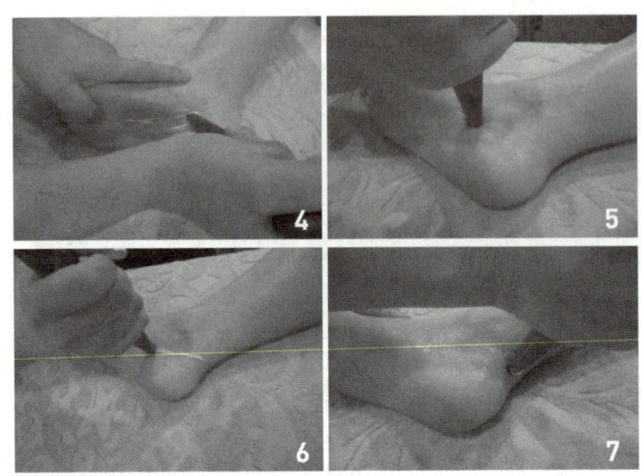

4 · 5단계 발혈치유 실습

4단계 발마사지는 발의 뒷부분 종아리, 위중, 委中: 다리오금의 가로금 중간 부위 허벅지의 긴장 완화와 이완을 목적으로 한 발혈치유법이다. 시술받는 사람이 엎드린 상태에서 실시한다. 각각의 동작을 묘사한 이름을 붙여서 쉽게 연상할 수 있고, 맨 앞 글자가 도, 레, 미, 파, 솔, 라, 시, 도로 되어 있어 외우기도 용이하다.

1. 양쪽 용천 누른 후 쓸어 올리기(도로 펴기)

2. 좌골, 비골 양모지 쓸어 올리기(레일 깔기)

3. 좌골, 비골 양삼지 쓸어 올리기(미소 짓기)

4. 좌골, 비골 양손 스크럽(**파**도 타기)

5. 종골근, 종골 스크럽(**손**빨래하기)

6. 생식선 돌리고 두드리기(**라**면 먹기)

7. 발바닥 두드리기(**시**소 타기)

8. 발바닥 쓸기(**도**로에 5차선 그리기)

9. 발가락 자극하기(핑 튕기고 세워서)

10. 발목 비틀기(돌 돌리고)

11. 발 내측, 외측 압력 주기(아-압주고 세워서)

12. 종아리 풀어주기(눈물 닦아주기)

13. 발목 잡고 좌우 꺾기(지그)

14. 발목 잡고 위아래 꺾기(재그)

15. 발바닥 두드리기 6회(두드리고)

16. 발가락 자극하기(개시된 백성 뽑아내고)

17. 온찜질 및 아킬레스건 당기기

18. 좌우 발목 풀고 종아리 짜기

19. 종아리 두드리기, 발가락 닦아주기

20. 머리, 어깨, 척추, 엉덩이 안마하고 인사하기

① 도로 펴기(4단계 스크럽)

양손을 이용해 시술받는 사람의 양발 부신(용천) 자리를 강하게 압박
한 후 2단계 스크럽의 형태로 왼발부터 양손을 번갈아 가며 발뒤꿈치

부터 위중 자리까지 쓸어 올린 후 위중 자리에서 턴한 다음 치약 짜는 형태로 발가락 부분으로 쓸어내리면서 마무리한다.

● 너무 많이 들어 올린 후 시술하면 발등을 다치게 할 수 있으므로 주의한다.

② 레일 깔기

종아리를 3부분으로 나누고 양손의 엄지를 사용하여 각 부분을 쓸어 올린 후 4단계 스크럽으로 마무리한다.

③ 미소 짓기

종아리 부분을 양손의 삼지를(기차바퀴) 사용하여 각 부분에 자극을 주어 쓸어 올린 후 4단계 스크럽으로 마무리한다.

④ 파도 타기(좌, 우측으로 가서)

시술받는 사람의 옆으로 가서 종아리 부분을 양 손바닥을 사용하여 좌우로 8회 정도 자극한다.

⑤ 손빨래하기

발바닥 부분을 왼손은 발목을 잡고, 오른손 주먹으로 발바닥에 압력을 가하면서 쓸어내린 후 오른손 바닥으로 쓸어내려준다.

⑥ 라면 먹기

시술받는 사람의 앞으로 가서 생식선 부분(발뒤꿈치)을 양손을 번갈아 가며 종아리 부분까지 자극을 가한 후 왼손으로 발바닥의 생식선 부분을 잡고(계란 모양) 오른손은 주먹을 쥐어 두드린다.

● 종아리 부분은 때리는 형태가 아니라 종아리 옆 부분을 끌어 올리는 형태가 되어야 한다.

⑦ 시소 타기

발바닥의 생식선 부분과 복강신경총 부분을 양손의 주먹으로 번갈아 두드려 준다.

⑧ 도로에 5차선 그리기(발바닥 전체 자극)

시술받는 사람의 옆으로 가서 양손의 엄지손가락을 발바닥의 생식선 부위에서 각 발가락을 향해 강하게 자극을 주며 내려간다.

● 발바닥에 쌀알 같은 이물질이 있는지 확인하며 내려가고 이후 시술 때 그 부위에 관심을 갖고 자극한다.

⑨ 핑 튕기고(세워서)

1단계 발가락 이완시키기의 반복 형태. 왼손으로 발의 중간을 잡고, 오른손으로 각각의 발가락의 좌우를 위아래로 자극한 후 45도 돌린 다음 위로 튕겨준다.

발혈치유 배우기

⑩ 돌 돌리고(세워서)

1단계 발목 풀어주기 형태로 왼손(오른손)으로 발을 잡고 오른손(왼
손)으로 발목을 돌려주는 형태로 돌린다. 오른손으로 잡았을 경우 왼
쪽으로, 왼손으로 잡았을 경우 오른쪽으로 돌려준다.

⑪ 아 압주고(세워서)

발의 내측선과 외측선을 번갈아 오른손과 왼손을 사용해 힘을 가하는
형태로 자극한다.

● 같은 곳을 반복하지 말고 골고루 힘을 가한다.

⑫ 눈물 닦아주고(세워서)

오른손으로 발등을 올려주고 왼손으로 종아리 부분을 위아래로 쓸어
올렸다 내렸다 한다.

⑬ 지그(세워서)

발바닥 전체를 좌우로 꺾어 준다.

⑭ 재그(세워서)

발바닥 전체를 위아래로 꺾어 준다.

15 두드리고 (6회 이상 세워서)

왼손으로 발목을 잡고 오른손은 주먹을 쥐어 발바닥의 수면점 부분을
두드린다.

16 개시된 백성 뽑아내고 (세워서)

1단계 발가락 이완시키기의 반복 형태. 왼손으로 발의 중간을 잡고,
오른손으로 각각의 발가락의 좌우를 위아래로 자극한 후 45도 돌린
다음 위로 튕겨준다.

- 여기까지가 4단계 발혈치유 순서다. 이어서 5단계로 다음의 마무리 과정을
  시술하면 된다.

17 온찜질 및 아킬레스건 당기기

따뜻한 물수건으로 발바닥과 종아리 부분을 스팀하고 양손을 이용하
여 종아리 전체를 위아래로 자극하면서 내려와 아킬레스건을 당기고
발목을 좌우로 풀어준다.

18 좌우 발목 풀고 종아리 짜기

시술받는 사람의 옆으로 가서 종아리를 양손을 사용해 수건 짜듯이
짜며 번갈아 두드린다.

⑲ 종아리 두드리고 발가락 닦아 주기

발가락에 묻어 있는 마사지 크림을 스팀 수건을 이용해 골고루 닦아
주고, 발목 좌우 꺾기 및 내·외측 압주기를 하면 더욱 좋다.

⑳ 머리, 목, 어깨, 척추, 엉덩이 순서로 경락안마 하기

양손을 이용해 머리 부분의 풍지혈→풍부혈→백회혈→머리부분 자극
하기→관자놀이→목 짜주기→양 손가락으로 어깨 당기고→견갑골 팔
돌려 자극 주기→척추 중 경추는 짜주는 형태로→흉추와 요추는 머리
쪽으로 올리면서 자극하고→선골과 미골은 엉덩이 쪽으로 향하여 양
손가락으로 안마한다. 엉덩이 쪽 경락은 꼬리뼈에서 아래로 한 뼘 아
랫부분에서 손가락 한 마디 정도로 3부분으로 나누어 올라가면서 자
극한다. 마지막으로 손바닥 두드리기 등 경락 기초안마를 하고 마무
리한다.

● 시술을 마친 후 "수고하셨다."는 말과 함께 신발을 챙겨주고, 반드시 따뜻한
  물을 500cc 이상 마시게 한다.

발혈치유 후에 나타나는 명현 현상

발혈치유를 받으면 건강한·피가 사람의 몸 구석구석에 돌면서 영양을 보급하고, 혈관을 깨끗이 청소함으로써 체내의 독소가 몸 밖으로 배출되는데, 이로 인해 명현瞑眩 현상이 생길 수 있다. 명현이란 어지럽고 눈앞이 깜깜하다는 뜻으로, 오랫동안 앓던 병이 치유되기 위해 그 증세가 다시 나타나거나 몸의 상태가 일시적으로 나빠지는 현상을 말한다. 이는 잘못된 치료를 받거나 잘못된 약을 복용해서 발생하는 부작용과는 차원이 다른 것이다. 짧게는 3일에서 길게는 3개월 정도 지속되는데 몸 안에 독소가 많을수록 오래 걸리고, 성인병 등의 만성질환을 앓고 있던 사람일수록 명현 현상이 심하게 나타날 수 있다.

그러나 이런 명현 현상이 지나가고 나면 몸이 가벼워지고 정신이 맑아지면서 스스로도 건강해졌음을 느낄 수 있다. 발혈치유를 받고 명현 현상이 나타날 경우 몸이 전보다 더 안 좋아졌다고 겁을 먹거나 발혈치유사에게 항의를 하는 분들이 있다. 이런 경우 다양한 명현 현상에 대해서 차근차근 설명하면 된다.

발혈치유를 받고 나서 발의 정맥이 갑자기 선명하게 나타날 수 있는데, 이는 혈액순환이 원활해지면서 정맥 중의 혈액량이 증가하기 때문에 나타나는 현상이다. 평소 임파순환이 안 좋은 사람들은 마사지를 받고 나서 발목이 조금 붓거나 열이 날 수도 있다. 체내에 잠복 중인 병원균과 몸을 지키기 위한 백혈구가 싸우느라 이런 현상이 나타날 수 있는데 몸이 낫기 위한 과정의 하나이므로 걱정할 필요가 없다.

발혈치유를 받은 후 반사구에 통증이 나타날 수도 있다. 자극을 처음 주게 되면 이런 경우가 종종 생기는데, 시간이 지나면 통증이 저절로 사라진다. 단, 너무 세게 자극을 가해서 통증이 지속될 경우에는 40°C의 따뜻한 물에 소금을 넣어 바닷물과 비슷한 농도가 되게 한 다음 아픈 곳을 10분 정도 마사지해 주면 통증이 빨리 사라진다.

마사지를 받으면서 입이 마르고 갈증이 나는 것 역시 혈액순환이 활발하게 이루어지고 있다는 증거이므로 걱정할 필요가 없다. 근육이 뻐근할 경우는 발을 자극하는 시간을 줄이거나 조절하면 된다.

발마사지를 받다 보면 몸이 나른해지며 졸음이 쏟아질 수도 있다. 그리고 마사지를 받은 날 밤엔 평소보다 깊이 잠들거나 때로는 꿈을

꿀 수도 있다. 이 같은 반응은 생리 기능이 자기 조절을 행하는 것으로, 다시 말해 일종의 보호적 억제 상태에 있는 것이다.

마사지를 받으면 소변이나 땀의 양이 증가하며 냄새가 심하게 나기도 하는데, 이는 몸속의 노폐물이 땀으로 배설되기 때문이다. 또한 마사지를 받으며 장의 연동운동이 활발해지면 방귀가 잦아지거나, 대변을 보는 횟수가 늘고, 대변에서 고약한 냄새가 나기도 한다. 마사지 중에 방귀가 나오면 억지로 참지 말고 배출하는 것이 좋다.

위에 설명한 각종 명현 현상은 자연치유 과정에서 겪는 호전 반응으로, 시술받는 사람의 신진대사가 좋아져 체내의 노폐물이 배설되기 때문이다. 따라서 걱정할 필요가 없다.

발혈치유 배우기

발사랑 봉사를 위한 제자화 사역

발혈치유법을 쉽게 외울 수 있도록 연상법을 활용하게 해 주신 하나님께 감사드린다. 이제 와 생각해 보면 발마사지를 활용한 발사랑 관계전도법이 만들어진 것 자체가 하나님의 계획이셨던 것 같다.

발마사지 봉사를 시작한 지 얼마 되지 않아 치유의 은사가 일어나기 시작했다. 다리에 쥐가 잘 나거나 저린 분들은 2번만 마사지해 주면 그런 증상이 없어졌다고 했다. 나이 드신 분들 중엔 불면증으로 고생하는 분들이 많았는데 발마사지를 받고 나서는 잠을 푹 자게 되었다며 좋아하셨다. 이후로 봉사일지를 쓰면서 누가 누구에게 발마사지를 했는지, 발마사지 받는 사람의 몸 상태가 과거에 어땠는지, 마사지를 받으며 얼마나 좋아졌는지를 꼼꼼히 기록했다. 그렇게 지역 어르신들의 건강관리를 하며 발사랑 봉사를 한 결과, 많은 사람들이 상태가 호전되었다. 또한 병원에서도 포기한 병이 기적적으로 회복되는 치유의 은사를 수차례 경험했다.

그러자 소문에 소문이 더해져 날이 갈수록 교회를 찾는 분들이 많아졌고 하루 평균 15~20명 정도, 사람이 몰릴 때는 하루에 35명도 넘게 발마사지를 해주었다. 평소에 운동을 하지 않던 나는 처음엔 너무 힘들어서 죽을 것만 같았다. 안하던 일을 하다 보니 발사랑 봉사를 하고 나면 삭신이 쑤시고 안 아픈 데가 없을 정도였다. 원래 땀이 많은 체질이라 특히 여름에 봉사를 하고 나면 땀으로 목욕을 한 것처럼 온몸이 흠뻑 젖었고, 손 하나 까딱할 힘도 없을 만큼 지쳤다.

어느 날인가 10여 명의 어르신들이 한꺼번에 몰려와 마사지를 받고 싶다고 하셨다. 그분들 모두에게 발마사지를 해 드리고 잠시 쉬려는데 6명의 어르신들이 또 들어오셨다. 그분들 마사지가 끝나고도 어르신들이 계속 줄을 잇는 바람에 혼자서는 도저히 감당할 수가 없었다. 그러자 옆에서 지켜보던 어느 강도사님이 도와주겠다며 나섰다. 어르신들이 많이 오시는 것은 좋지만 너무 고단하고 힘들어서 나도 모르게 '이제 그만 좀 오시지.' 하고 속으로 투덜거렸다.

그런데 그날 저녁 철야기도를 드리던 중에 낮에 어르신들이 너무 많이 몰려들어 불평했던 일이 생각났다. 전도 대상자가 많이 오면 반기는 게 당연한 일인데, 몸이 좀 힘들다고 불평이나 하다니. 스스로가

발혈치유 배우기

부끄러워 회개기도를 드렸다. 그러자 주님의 음성이 세미하게 들리더니 내게 이렇게 물으셨다.

"앞으로 몇 사람에게 발마사지를 해주고 나서 이 사역을 내려놓길 원하느냐?"

"주님께서 주신 특별한 사명인데 앞으로 10만 명 정도는 하고 이 사역을 내려놓겠습니다."

그렇게 주님께 약속하고 나자 오히려 홀가분하고 마음이 편했다. 그런데 집에 가서 약속한 10만 명을 어떻게 채울까 하고 계산을 해보았다. 하루에 10명씩 발마사지를 한다고 가정했을 때, 10×365=3,650명, 3,650×10=36,500명. 매일 10명씩 약 30년을 해야 10만 명을 채울 수 있었다.

'아이고, 하나님. 앞으로 30년 후면 제 나이 일흔입니다. 발마사지만 하다가 천국 가야겠네요.' 하는 생각이 들었다. 하지만 이미 약속했으니 물릴 수도 없었다. 그러던 중에 주님께서 말씀하셨다.

"왜 하루에 10명만 할 생각을 하느냐? 하루에 20명씩 하면 15년으로 줄고 30명씩 하면 10년으로 줄 텐데 말이다."

"예, 그렇게 하겠습니다."

그때부터 우리 교회에 오는 어르신들이 반가웠다. "사랑의 뜰안에 들어갈 때는 자유지만 발마사지 안 받으면 못 나온다."는 말이 나올 만큼 최선을 다해 발마사지 봉사를 했다. 사람들이 한꺼번에 몰려와 눈 코 뜰 새 없이 바쁠 때에도 대충 봉사하는 일은 없었다. 대충 하면 다음에 안 오실 것이고, 안 오시면 사역의 기간은 더 길어질 테니 말이다.

'아무리 힘들어도 죽이시면 천국 가고 살리시면 열심히 봉사하리라.' 이렇게 결연한 마음가짐으로 발마사지 봉사에 열중했더니 봉사를 하는 나에게도 치유의 은사가 일어났다. 툭하면 장염으로 고생을 하곤 했는데 발사랑 봉사를 시작한 후 장의 염증이 사라지면서 전보다 더 건강해진 것이다. 이후 아무리 힘들게 발마사지 봉사를 해도 예전처럼 피곤하지가 않았다.

그렇게 4년간 봉사하다 보니 많은 어르신과 교회 식구들에게 발마사지를 해드릴 수 있었다. 그러자 교회 전체에 발마사지 열풍이 불었다. 평소에 단 한 명도 전도하지 못하던 사람들이 발마사지를 받고 나서는 "주변에 아픈 사람이 있으면 사랑의 뜰안에 보내주세요."하고 말하며 전도 활동을 펼쳤다. 그러자 기대 이상으로 많은 사람들이 몰려들어 발사랑 관계전도의 위력을 실감케 했다.

발마사지를 받으려는 전도 대상자가 폭주하자 봉사자가 그만큼 더 많이 필요하게 되었다. '왜 나 혼자서 10만 명에게 봉사할 생각을 했지? 2명이 하면 기간이 2배로 줄고, 10명이 하면 10배로 줄어들 텐데.' 하는 생각이 들었다. '그래, 예수님께서 12제자를 가르쳐 전 세계에 복음을 증거한 것처럼 나도 제자를 만들어 발사랑 봉사 사역을 함께하자.'

제자화 사역을 위해 발혈치유사 자격 과정을 교회에 신설하자 많

발혈치유 배우기

은 성도들이 앞다투어 신청했다. 교육을 통해 발마사지 전문가가 되려면 오전예배 후부터 오후예배가 시작되기 전에 실시하는 12주 보충수업을 수강해야 한다. 12주 교육을 마친 후 노인정 봉사에 참가해 배운 것을 수차례 실습하며 경험을 쌓다 보면 아픈 부위별로 반사구가 어디인지 자연스레 익히게 되고, 발마사지 기술이 늘어 거의 전문가 수준에 이른다. 그 다음엔 실전에 투입되어 주변의 몸이 아픈 사람을 찾아가 "믿음 전도법"을, 미리 점찍어 놓은 전도 대상자를 찾아가 "소망 전도법"을, 남편이나 친척, 혹은 친구를 찾아가 "사랑 전도법"을 실천한다.

발사랑 봉사 제자화 사역 덕분에 매년 300만 명이라는 이웃에게 주님의 사랑과 복음을 전할 수 있었다. 딱히 비용이 드는 봉사도 아니어서 나무 봉 하나면 전국, 아니 전 세계 어디에서라도 발사랑을 실천할 수 있을 것이다.

발사랑 관계전도 실전편

어떻게 전도할 것인가

"너희가 이방인 중에서 행실을 선하게 가져 너희를 악행한다고
비방하는 자들로 하여금 너희 선한 일을 보고 권고하시는 날에
하나님께 영광을 돌리게 하려 함이라."(벧전2:12)

어깨 좀 빌려주시겠어요?

"전도는 하나님이 하신다." 이 기본적인 원리가 발사랑 관계전도법의 핵심이다. 우리는 단지 남들이 꺼리는 지저분하고, 더럽고, 냄새나는 발 밑, 즉 가장 낮은 곳에서 그리스도의 사랑을 나누고 이웃을 섬기는 데 최선을 다할 뿐이다. 발사랑 전도법은 공허하게 말로만 사랑을 외치는 것이 아니라 직접 행함으로써 사랑을 느끼게 하는 것이다.

발사랑 전도법의 구체적인 내용은 다음과 같다. 일단 전도 대상자와 눈을 맞추며 "어깨가 좀 뭉치셨네요."라고 말한다. 평소 운동이나 스트레칭을 하지 않고 피로가 누적된 사람들은 대부분 어깨가 뭉쳐 있기 마련이다. 그런 분들에게 "어깨 좀 빌려주시겠어요?"라고 말한

뒤 약 5분 동안 전문가처럼 어깨 마사지를 해준다.

그리고 난 후 "어깨가 심하게 뭉쳐 있어서 어깨 안마만으론 힘들겠어요. 이럴 땐 발마사지를 해줘야 어깨 결림이 시원하게 풀어지는데."하고 말하며 발을 빌려달라고 한다. 남의 발을 만지는 것도 어려운 일이지만 남에게 선뜻 내주는 것도 쉽지 않은 일이다. 그래서 이렇게 순차적으로 어깨부터 접근해 발을 빌리며 전도의 다리를 놓아야 한다.

전도 대상자에게 처음 발마사지를 해줄 경우, 1단계를 1회 이상 한 다음 3단계 봉술을 실시한다. 그러면 약 20~30분 정도 시간이 걸리는데 "몸이 너무 안 좋아서 한 번 가지고는 안 되겠어요. 아무래도 10번은 받으셔야 할 것 같아요."라고 말하면서 그 주에 약속을 잡는다. 그러면 그분은 뭉쳤던 어깨를 풀고 발마사지를 시원하게 받은 것만으로도 충분히 좋았을 텐데, 그 좋은 것을 9번 더 받을 생각에 고마워하며 기뻐한다. 이 10번으로 비로소 전도의 관계가 시작된다.

그런데 발마사지 봉사를 할 때 주의할 것이 하나 있다. 전도 대상자가 마사지 받은 게 고마워서 대가로 식사 대접을 하거나 선물을 주려고 하더라도, 절대 받아서는 안 된다는 것이다. 식사나 선물을 거절할 경우 자기 집 고추장이나 된장, 혹은 김치라도 퍼주려고 하는데, 그 역시 받아선 안 된다. 봉사자에게 뭔가를 주게 되면 그 사람은 대가를 지불했다는 생각이 들기 때문에 교회에 나가야겠다는 의무감과 관심이 사라지게 되고, 결국 전도가 되지 않는다. 봉사를 받은 분이 교회에 새 신자로 등록하고 세례받기 전까지는 아무 것도 받아서는 안 된다는 것을 명심하자.

매주 1~2회씩 전도 대상자에게 발마사지를 해주며 관계를 지속하다 보면 빠른 속도로 친해진다. 발이라는 것이 냄새나고, 지저분하고, 창피한 것이기 때문에 발을 통해 스킨십을 하면 더 쉽게 친해질 수 있다. 발마사지를 5회 이상 해주고 나면 봉사자와 전도 대상자가 오래 사귄 친구처럼 편안하고 허물 없는 사이가 된 느낌이다. 그때 자연스럽게 교회 얘기를 꺼내며 전도하면 된다.

그런데 발마사지 10번을 해 줘도 전도가 안 되는 사람들이 간혹 있을 수 있다. 그런 경우엔 "10번만 받으면 나아질 줄 알았는데 안 되겠네요. 앞으로도 10번은 더 받으셔야겠어요."하고 말하자. 그렇게 20회 정도 발마사지를 받고 나면 대부분의 사람들은 교회로 전도가 된다. 만약 20회를 했는데도 전도가 안 될 경우엔 그동안 해오던 발마사지 봉사를 매몰차게 중단해 보라. 이미 발마사지에 중독되어 버린 전도 대상자는 발마사지를 주기적으로 받지 않으면 혈액순환이 안 되는 것을 몸으로 느낄 것이고, 당연히 발마사지 봉사가 아쉬워질 것이다. 그러다 보면 전도자에게 평소엔 연락도 안 하다가 빗발치듯 전화를 하게 되는데, 바로 그때 자연스럽게 교회로 인도하면 된다.

우리 발사랑 봉사단은 이런 식으로 매년 적게는 2명에서, 많게는 50명까지 전도해 왔다. 발사랑 관계전도법을 실전에서 활용할 때 그 대상자가 지역 어른신인지, 남편이나 가족인지, 혹은 아이들인지에

따라 접근법이 조금씩 다른데, 다음의 세 가지 전도법을 참고하면 큰
도움이 될 것이다.

어르신을 위한 발사랑 관계전도법

발마사지를 배워 가장 먼저 봉사할 대상자는 연세가 지긋한 어르신들이다. 연로한 어르신들은 대부분 한두 가지 이상의 지병이 있기 마련인데, 그분들에게 봉사를 하면 치유의 은사를 체험하는 경우가 많다. 매일같이 아팠던 곳이 말끔히 낫는 신기한 경험을 한 어르신들은 병이 나은 걸 자랑하면서 발사랑 봉사단에 대한 자랑 또한 잊지 않기 때문에 자연스레 발사랑 봉사 홍보대사가 된다. 아픈 곳이 별로 없는 건강한 젊은 사람이나 어린 아이들에게 발마사지 해줄 경우 치유 효과가 미미하고, 거의 티가 안 나는 경우가 대부분이다. 그러다 보니 홍보가 될 확률 또한 낮다. 이 때문에 지역 어르신들을 최우선으로 봉사해야 한다.

어르신들에게 발마사지를 하려면 일단 어르신들이 많이 모인 곳으로 가야 한다. 대부분 지역별로 50~200개의 노인정이나 경로당이 있는데, 대부분의 사람들은 그곳에 방문할 때 음료수나 빵 등의 간식을 가져간다. 그러나 우리 발사랑 봉사단은 먹을 것을 가져가지 않는다. 동사무소나 구청, 복지관, 성당, 봉사 단체 등에서 먹을 것을 준비해 가는 일이 많다 보니 그런 것으로 노인들을 공략하는 건 그다지 효과가 없다.

일단 노인정에 가면 어르신들이 삼삼오오 모여서 화투를 치고 계실 텐데, 광 팔고 게임에서 빠진 어르신이나 주변에서 구경하는 분들이 있을 것이다. 게임에 참가한 분들은 피하고 그분들 중에 한 사람을 골라 "어르신! 어깨가 많이 뭉치셨네요."하고 말하며 다가간다. "어디서 왔어요?"하고 어르신이 물으시면 "저희는 발사랑 봉사단인데요, 지역 어르신들의 건강을 보살피러 왔습니다."하고 말한다. 그러면 대부분 친절하게 맞아주신다.

그렇게 다가가서 어깨 안마를 약 5분 정도 실시한 다음 위와 췌장, 십이지장, 부신, 신장, 간장 등의 중요한 반사구를 눌러 보면서 몸 상태를 이야기해 주자. 그러면 어르신들이 우리의 정확한 진단에 놀라고 신기해하며 선뜻 발을 내밀어 마사지를 받겠다고 하신다. 그 어르신이 발마사지를 받으며 시원해 하시면 옆에서 지켜보던 다른 분들이 부러워하며 서로 해달라고 난리 법석이 난다. 이때 모두 다 마사지를 해주진 말고, 대화에 적극적인 분 3~4명에게 집중적으로 봉사하는 것이 좋다. 그리고 마사지를 끝낸 후에는 다음 기회를 약속하며 나온다.

발사랑 봉사단과 함께 노인정을 찾아 어르신들께 발마사지를 해 드렸다.

봉사를 가게 되면 많은 사람들이 함께 모여서 가기 마련인데, 전도 대상자에게 이 사람 저 사람이 번갈아 가며 봉사하기보다는 한 명이 붙박이로 담당하는 것이 좋다. 이 사람 저 사람이 발마사지를 해주게 되면 나중에는 잘하는 한 사람에게만 어르신들이 몰리는 현상이 나타나는데, 그럴 경우 전도자와 대상자 간에 끈끈한 관계를 맺기가 어려워져 전도에 효과적이지 못하다. 만약 전도자가 계속적으로 마사지할 수 없는 상황이라면 다른 전도자에게 대신 맡기되, 실력이 비슷한 사람으로 대체하는 것이 좋다.

한 노인정에서 10회 정도 발사랑 봉사를 실시한 후엔 이렇게 말하자. "앞으론 차를 보내 드릴 테니 교회에 와서 발마사지를 받으세요." 10회 정도 발마사지를 받아본 어르신들은 대부분 교회로 찾아오신다.

남편과 가족을 위한 발사랑 관계전도법

가족을 전도하려는 자매님들의 경우, 먼저 남편을 전도하는 것이 좋다. 한 집안의 가장인 남편은 가정 내에서 영향력이 크고 의사결정의 주도권을 갖고 있기 때문에 남편을 먼저 전도하면 다른 가족들을 구원하기가 한결 쉬워진다. 부부가 영과 마음으로 진정 한몸이 될 때 마귀의 권세를 이길 수 있는 능력이 생기는데, 제일 가까운 이웃인 남편을 구원하지 않으면 마귀를 물리치기 어려울 뿐 아니라, 하나님께서도 기뻐하지 않으신다.

그러나 남편을 전도하는 것은 하늘의 별 따기만큼이나 어렵다. 대부분의 경우 아내가 먼저 신앙생활을 시작하게 되는데, 그 아내도 교회를 다니자마자 변화된 삶을 사는 것은 아니다. 신앙이 어느 정도 깊어 져야 성령을 체험하게 되고, 그 이후 삶에 변화가 일어나기 시작한다. 그러다 보니 신앙생활 초기에는 여느 세상 사람들과 다를 바가 없다.

대개 남편들은 교회에 다니는 아내를 보며 뭔가 변화된 모습을 기대한다. 그런데 한참을 지켜봐도 변화가 느껴지지 않으면 "교회 다니는 사람이 그러면 어떡해?"하는 식으로 비아냥거리게 된다. 그리고 아내가 전도를 할라치면 "당신이나 잘하고 나서 교회 가자고 해. 가만 보면 당신은 교회 안 다니는 사람보다 나을 게 하나도 없어."하고 핀잔을 준다.

그런 남편들에게 효과적인 것이 바로 발사랑 관계전도법이다. 남편에게 매주 2회 이상 꾸준히 발마사지를 해주자. 처음에는 별다른 반응이나 변화가 보이지 않더라도 약 3개월 후, 20회 정도 발마사지를 받고 나면 생각이 달라진다. 자신에게 발마사지를 해주며 스스로를 낮추는 아내의 겸손함과 가정을 위해 수고한 남편을 왕 대하듯 하는 모습에 감동해 서서히 아내를 따라 교회 나갈 생각을 하게 된다. 처음엔 발마사지가 별 것 아닌 줄 알았는데 받으면 받을수록 몸이 가뿐하고, 스트레스가 해소되고, 피로가 싹 풀리기 때문에 상당 기간 동안 발마사지를 받게 되면 나중엔 중독이 되어 발마사지가 자꾸만 생각나게 된다.

만약 20회를 했는데도 전도가 되지 않으면 50번을 작정하자. 6개월 정도 걸려서 50회를 했는데도 전도가 되지 않으면 그 다음부턴 매몰차게 발마사지를 중단해 보라. 그러면 대부분의 남편들은 자존심이 있어서 해달란 말은 못하고 발마사지 전문점이나 스포츠마사지 업소를 찾게 된다. 그러나 그런 곳에 가보면 비용도 비싸고 예약하기도 쉽지 않다. 또한 단골이 아닌 뜨내기 고객은 대개 초보 마사지사들이 발을 잡게 되는데, 아내가 정성껏 해주던 것에 한참 못 미치는 빈약한 서비스를 받다 보면 돈도 아깝고 은근히 속이 상한다. 결국 남편들은 아내가 해주던 발마사지를 잊지 못해 "한 번만 발마사지 해주면 이번 주엔 반드시, 꼭, 정말로 교회 갈게!"하고 맹세하게 된다. 그러면 그때 시원하게 발마사지를 해주자.

그렇게 해서 남편이 전도되면 2차로 시부모님들을 공략할 차례다. 남편에게 "부모님들을 전도하지 않으면 발마사지 안 해줄 거에요."하고 귀여운 협박(?)을 해보라. 그러면 대부분의 남편들은 부모님을 전도하는 데 적극적으로 나선다. 며느리가 교회 가자고 백날 얘기해 봐야 듣지도 않던 시부모님들이지만 아들이 교회가자고 하면 다른 반응을 보일 것이다.

자식들도 마찬가지다. 엄마보다는 가장인 아빠가 교회 가자고 이끄는 것이 더 효과적이다. 그동안 남편 전도에 실패한 집사님과 권사님 5,000명에게 이 방법으로 전도할 것을 권한 결과, 2008년 한 해에만 84%의 남편들이 전도되었고, 남편들을 통한 가족 전도는 12,000명이 넘었다.

아이들을 위한 발사랑 관계전도법

자동차를 보유한 가정이 많아지면서 대부분의 엄마들이 아이들을 차로 통학시켜 주고, 학교가 파하면 이번엔 학원차가 와서 아이들을 태워간다. 이렇게 이 학원 저 학원을 전전하며 차에서 차로 이동하다 보면 운동량이 부족해지기 쉽다. 그런데도 영양은 과잉이다 보니 소아 비만이 늘어나고, 겉으론 튼튼해 보여도 체력이 약한 아이들이 많다. 그래서 조금만 운동을 해도 숨을 헉헉거리며 주저앉곤 한다. 또한 엄마, 아빠의 기대에 부응하기 위해 빽빽한 스케줄을 소화하며 온갖 과외를 다 받고 경쟁에 내몰리느라 어른들 못지 않게 아이들의 스트레스가 심하다. 학교가 파하자마자 학원들을 전전하는 바람에 정작 부모와 함께 지내는 시간이 적어 엄마, 아빠의 따뜻한 사랑을 느낄 여유도 없다. 이런 아이들을 교회에 불러들여 정성껏 발을 만져줌으로써 스트레스를 풀어주고, 스킨십을 통해 정을 쌓아가다 보면 마음속 이야기를 털어놓으며 교회와 가까워질 수 있다.

김포 포내교회 사랑의 뜰안에서 있었던 일이다. 30대 초반의 아이 엄마가 어느 날 교회에 찾아와 이렇게 말했다.

"제가 다리에 쥐가 잘 나고 불면증이 있는데, 누가 포내교회 사랑의 뜰안에 가보라고 하대요."

"잘 오셨어요. 앞으로 일주일에 2번씩 오셔서 한 10번 정도는 발마사지를 받아 보세요."

아이 엄마는 바로 그날 처음으로 발마사지를 받고 돌아갔는데, 다음날 과일과 음료수를 바리바리 싸들고 교회를 다시 찾았다. 마사지를 받고 몸이 날아갈 듯 가벼워져서 밤사이 누가 업어가도 모를 만큼 잘 잤다며 봉사자들에게 고마워했다.

그 후 일주일에 2번씩 발마사지를 해주었는데 매번 엄마를 따라와 발마사지를 받는 걸 지켜보던 아이가 자기도 발마사지를 해달라고 했다. 그래서 1단계 발마사지만 2번 해주었는데 이후에도 계속 해달라고 졸랐다.

"교회에 네 친구들 데려올래? 그럼 발마사지 또 해줄게."

그냥 농담 반 진담 반으로 장난 삼아 얘기한 건데 아이는 바로 그 주부터 동네 아이들을 교회에 잔뜩 데려왔다. 그리고 아이들 사이에

발마사지 받는 게 유행처럼 퍼져 전도붐이 일게 되었다. 포내교회 사
랑의 뜰안의 봉사자는 그렇게 발마사지를 통해서 3개월 만에 100여
명의 아이들을 전도할 수 있었다.

유럽이나 미국의 교회가 점차 고령화되어 가는 이유 중에 하나가
아이들 전도에 무심했기 때문이라고 한다. 교회의 미래인 아이들을
전도해 하나님의 일꾼으로 잘 양육한다면 한국 교회의 미래는 밝을
것이다.

발사랑 관계전도 확장편

사랑이 넘치는 교회를 위하여

"누구든지 하나님을 사랑하노라 하고 그 형제를 미워하면 이는 거짓말하는 자니, 보는 바 그 형제를 사랑치 아니하는 자가 보지 못하는 바 하나님을 사랑할 수가 없느니라. 우리가 이 계명을 주께 받았나니 하나님을 사랑하는 자는 또한 그 형제를 사랑할지니라."(요4:20-21)

거북이처럼 더디지만 반석처럼 견고한

안양 새중앙교회의 담임 목사님이신 박중식 목사님은 오랜 지병인 파킨슨병_{사지와 몸이 떨리고 경직되는 중추신경 계통의 퇴행병}으로 고생하고 계셨다. 대신대학교 후배인 전병재 목사님의 소개로 박중식 목사님께 발혈치유요법을 시도했는데 반응이 너무나 좋았다.

"발마사지가 좋다는 말은 들었지만, 이 정도일 줄은 몰랐어요. 발이 날아갈 듯 가볍고 너무너무 시원합니다."

그 후로 목사님은 매주 월요일과 목요일에 발혈치유를 받으셨고 몸이 점차 좋아져 가는 것을 느끼셨다. 그러더니 어느 날 내게 이렇게 말씀하셨다.

"우리 교회 구역장들이 발혈치유를 배워서 가족과 지역에 봉사를 했으면 좋겠습니다."

목사님은 수요일 오전예배 시간에 발사랑 관계전도법에 대해 간증을 해달라고 말씀하셨다. 그날 예배에서 발사랑 관계전도법에 대한 간증을 하자 당시 모였던 900여 명의 구역장들 가운데 700명이 발혈치유사 자격취득 과정에 신청했다. 그 다음주부터 매주 화요일과 목요일, 오전 10시부터 저녁 5시까지 실시한 발혈치유사 자격 취득 과정에서 발혈치유요법을 터득한 구역장들이 구역원들에게 이를 알리게 되었고, 구역원들 중 1,000여 명이 교육을 받은 뒤 발사랑 봉사단원이 되었다.

그러자 교회에서는 놀라운 변화가 일기 시작했다. 구역원들이 서로 발을 만져주고 섬기며 치유를 하다 보니 관계가 돈독해지는 게 아

발혈치유사 자격취득 과정을 수강하는 성도들과 함께

닌가. 또한 실족하거나 시험에 들었던 구역원들까지 하나 둘 교회로 다시 돌아왔다. 같이 교육에 참여했던 그 교회의 교역자들에게도 커다란 변화가 일어났는데 이전과는 달리 지역장, 구역장, 구역원들을 섬기는 자세를 갖게 되었다. 그 결과 각 구역들이 똘똘 뭉쳐 연합하게 되었고 전도에 불이 붙기 시작했다.

다른 전도법은 비교적 짧은 시간 안에 일시적으로 붐을 일으켜 새신자를 등록시키지만 발사랑 관계전도법은 시간이 오래 걸리고 한 명씩, 한 명씩 더디게 전도된다. 그러나 얼마 지나지 않아 효과가 떨어져 결국 이탈자들을 만드는 다른 전도법들과 달리 발사랑 전도법은 성도들의 교회 정착률이 거의 100%에 육박한다. 거북이처럼 더디지만 반석처럼 견고한 믿음을 갖게 하는 전도법이기 때문이다.

대신교단에서는 2010년도 전도 목표를 20만 명으로 정했는데 그 중에 10%를 새중앙교회가 책임질 것으로 기대하고 있다. 박중식 담임목사님은 "왜 진작에 이 전도법을 알지 못했을까요? 미리 알았더라면 많은 교회가 전도에 새 바람을 일으켰을 것이고, 많은 개척교회 목사님들에게 힘이 되었을 텐데요."하고 말씀하시며 "전도사님! 앞으로 많이 바빠지실 겁니다. 우리 새중앙교회에서 부흥회를 한 뒤 유명해진 목사님들이 많은데 우리 교회에서 간증과 교육을 하셨으니 틀림없이 바빠지실 거예요."라는 격려의 말씀도 아끼지 않으셨다. 새중앙교회가 발사랑 관계전도법의 모델이 되어 많은 교회가 도전받았으면 하는 바람이다.

효를 실천하는 발사랑 봉사

인천 순복음교회에 발사랑 관계전도법이 전해진 것은 담임목사님이신 최성규 목사님이 해마다 개최하는 효도잔치를 통해서였다. 최성규 목사님은 "네 부모를 공경하라."는 하나님의 말씀에 순종해 효를 실천하는 것을 목회 철학으로 삼고 계신 분이다. 그래서 매년 어버이날과 노인의 날, 어르신들을 위해 효도잔치를 열었다. 그런데 효도잔치가 어른들에게 그저 식사를 제공하고 관광을 시켜 드리는 연례행사로 그치는 것 같아 왠지 모르게 부족함을 느끼곤 했다. 그러던 차에 어르신들의 건강을 위해 발을 만져 드리는 발사랑 관계전도법을 도입하게 되었다. 효도잔치에서 발사랑 봉사를 받은 어르신들은 이구동성

으로 감사를 표하며 주님의 사랑이 마음에 전해진 것 같다고 말씀하
셨다.

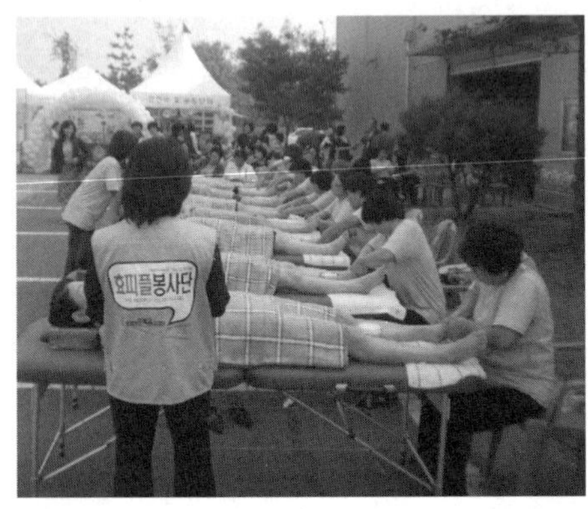

인천 순복음교회 효 피플 봉사단은 효도잔
치에 오신 지역 어르신들을 발마사지로 섬
기고 있다.

그 후 〈효 피플 자원봉사단〉에 발사랑 봉사단을 개설해 실시한 지
역 섬김은 엄청난 변화를 가져왔다. 말로만 사랑하는 것이 아니라 어
르신들 한 분 한 분의 건강을 위해 땀 흘리고 애쓰는 발사랑 봉사는
그분들로 하여금 하나님의 살아계심과 역사하심을 체험케 했다.

2010년 10월에 대대적으로 실시하는 발사랑 봉사단 교육에 벌써
부터 많은 사람들이 지원 신청을 하고 있다. 최성규 목사님은 인천 지
역에서 "효 목사님"으로 유명한 분인데 거기에 발사랑 봉사가 더해져
시너지 효과를 낸 것 같다. 발사랑 관계전도법이 최성규 목사님의 사
역에 큰 도움이 되기를 바란다.

사랑이 넘치는 교회를 위하여

촌로의 마음을 울리다

발사랑 관계전도법이 주안 장로교회에 전해진 것은 청년들을 통해서였다. 이 교회에서는 매년 300여 명의 청년들이 농촌 봉사에 참여했는데, 취지는 더할 나위 없이 좋았지만 뭔가 피부에 와 닿는 도움을 주지는 못하는 듯했다. 담임 목사인 나겸일 목사님께서는 그 때문에 고민이 많았다. 농촌엔 나이 든 어르신들이 많은데 그분들께 뭘 해드리면 좋아하실까 고민하며 방법을 찾던 중 한 청년이 발마사지 봉사를 제안했다. 그걸 계기로 발사랑 관계전도법이 주안 장로교회의 문을 두드릴 수 있었다.

발마사지 실습을 하는 주안 장로교회 청년들.

농촌 봉사에 참가할 청년 300명 중 50명이 발혈치유요법을 배웠다. 농촌을 찾아가 낮에는 농사일을 도와드리고, 밤에는 마을 회관을 빌려 어르신들을 초청해 발마사지를 해드렸다. 그랬더니 어르신들이 폭발적인 반응을 보였다.

"세상에! 이렇게 고마운 일이 어딨누. 칠십 평생 농사 짓느라 손바닥이 발바닥 같고, 발바닥이 갈라진 논바닥 같은데 이 흉한 발을 이렇게 살갑게 주물러 주니, 몸둘 바를 모르겠수다."

"내가 낳은 자식도 발이 저려서 주물러 달라고 하면 하는 시늉만 하다 마는데, 피 한 방울 안 섞인 젊은 사람이 어쩜 이렇게 거리낌없이 발을 만져주는지…."

"이게 다 예수님의 사랑을 나누는 거라니, 믿음이란 게 대단하긴 대단한가 보우."

고마워서 눈물을 흘리기까지 하는 어르신들을 보고 주안 장로교회

사랑이 넘치는 교회를 위하여

청년들은 왜 진작 발마사지 봉사를 시도하지 못했을까 아쉬워했다.

이 교회에서는 올해 80여 명의 청년들이 발혈치유사 자격 과정을 마쳤는데, 그 중 한 청년의 말이 인상적이었다.

"작년에 친구들이 농촌 어르신들께 봉사하는 걸 보고 저도 발마사지를 배워야겠다 마음먹었어요. 직장에서 일 끝내고 늦게 들어오시는 우리 어머니 발을 만져 드리고 싶어서요."

그러더니 이렇게 물었다.

"전도사님! 발마사지 할 때 꼭 마사지 크림을 써야 하나요? 어머니가 늦게 들어오시는데 발마사지를 받다가 주무시면 발을 씻으라고 깨울 수가 없잖아요."

"발마사지 크림은 딱히 씻지 않아도 되니까 걱정 마세요. 어머니가 마사지 받다 주무시면 살짝 닦아 드리세요."

부모님에 대한 그 청년의 사랑이 너무나 기특하고 아름다웠다. 부모, 자식간의 관계마저 소원해진 삭막한 이 시대에 주님의 사랑을 나누는 발마사지를 통해 서로의 관계를 회복하고, 더 나아가 닫힌 대화의 문이 활짝 열려 부모님 전도로 이어지길 바란다.

세계로 뻗어 나가는 발사랑 전도법

지난해 겨울, 조성수 선교사님의 초대로 남아프리카공화국 선교사 대회에 참석해 그곳에서의 전도 활동에 관한 이야기를 들었다. 대부분의 선교사들은 선교지에 오기 전에 영어 공부를 열심히 하는데 막상 현지에 오면 영어뿐만이 아니라 현지어도 배워야 하고, 또 현지 문화도 익혀야 한다. 그러다 보니 2~3년의 준비 기간을 거친 후에야 현지인들과 실질적인 관계를 맺을 수 있다. 그래서 전도가 더디 진행되기 마련이고, 문화적 차이로 인해 어려움에 직면할 때도 많다고 한다.

그런데 대회 둘째 날, 발사랑 관계전도법을 소개하자 선교사들의 호응이 대단했다. 발사랑 전도법이야말로 현지인들과 더 쉽게, 더 깊이 교감할 수 있는 아주 특별한 전도법이 될 거라며 열광적인 반응을 보였다. 아울러 발사랑 봉사가 현지인뿐만 아니라 그곳에서 사역하는 선교사들의 건강관리에도 큰 도움이 될 거라고 했다.

마침 그 무렵 요하네스버그에서 목회를 하는 어느 사모님을 만나게 됐는데, 머리를 움켜쥐며 두통으로 괴로워하는 모습을 보게 되었다. 그냥 두고 볼 수가 없어 양해를 구하고 사모님의 엄지발가락을 5분 정도 자극해 드렸다. 그랬더니 잠시 후 두통이 씻은 듯이 사라졌다. 그러자 남편인 선교사분이 달려와 어떻게 한 거냐고 물으셨다.

"엄지발가락은 우리 인체의 머리와 연결되는 반사점인데요, 두통이 생겼을 때 엄지발가락을 자극하면 통증이 가라앉곤 하죠."

"그래요? 진작에 이 방법을 알았으면 그동안 고생 안 했을 텐데, 아무래도 발마사지를 배워야겠네요. 사실 우리 부부는 4년 전에 한국에서 요하네스버그로 왔는데 그간 아내가 두통으로 고생을 많이 했답니다. 병원에 가려고 해도 차로 4시간이나 걸리는 거리에 있어서 잘 못 갑니다. 외국인이라 의료비 부담도 만만치 않구요. 그래서 머리가 아플 때마다 그저 기도하며 참는 게 다였는데, 발을 잠깐 만졌다고 그 아프던 게 감쪽같이 낫다니, 정말 신기하네요."

그 일을 계기로 발마사지가 좋다는 게 선교사들 사이에 널리 알려져 너도나도 배우겠다고 야단이었다. 남아공 사람들 또한 호의적인 반응을 보이며 발마사지 교육 과정에 참가해 예수님의 사랑과 낮아지심을 체험했다.

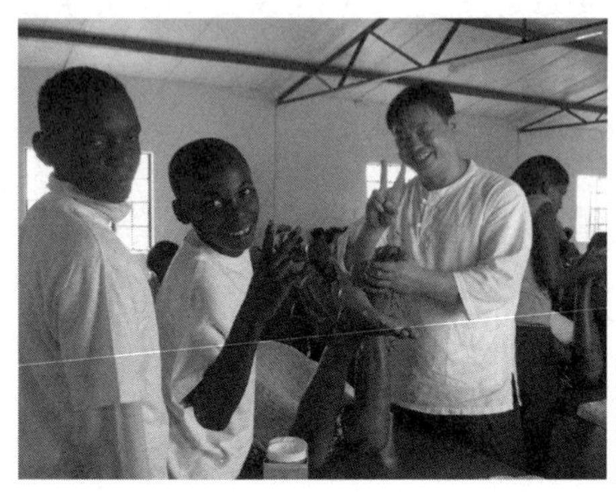

남아공 사람들은 발사랑 봉사에 호의적인 반응을 보였고, 더불어 기독교에 대한 호감이 커진 듯했다.

얼마 전엔 사우디아라비아와 두바이에서 활동하시던 선교사님 두 분이 발혈치유사 특강에 참여하셨다. 중동에서 선교 활동을 시작한 지 10년이 됐지만 그동안 단 한 명도 전도하지 못했다고 했다.

"경제적으로 취약하고 못 사는 나라는 그래도 시간이 지나면 현지인들과 친해져서 전도가 되는 편입니다. 하지만 사우디나 두바이는 그렇지가 않아요. 석유 자원이 풍족해서 잘 살다 보니 주거와 의료, 복지 등 부족한 게 없어요. 그래서 웬만한 봉사로는 현지인들을 교회로 끌어들일 수가 없어요. 아쉬울 게 없는 사람들이라 관계 맺기가 정말 힘듭니다."

전도에 실패하고 절망에 빠진 두 분은 다시 한국에 돌아와 목회 활동을 하기로 결심했다. 그런데 어느 날, CGN TV의 〈빛과 소금〉이라는 프로그램에서 발사랑 관계전도법을 접하게 되었고, 발마사지를 배

사랑이 넘치는 교회를 위하여

운 후 선교에 자신감이 생겼다고 한다. 그분들의 애길 전해들은 어느 선교사는 발혈치유 교육을 받기 위해 두바이에서 한국까지 날아오기도 했다.

"사우디나 두바이 사람들이 경제적으로 풍족하긴 해도 건강까지 자신할 수는 없잖습니까? 발혈치유는 대체의학으로 활용할 수도 있는 건강전도법이라 여기 사람들에게 봉사하다 보면 관계를 맺을 수 있을 것 같습니다. 그러다 보면 전도의 물꼬를 틀 수도 있겠지요."

두 분은 자신감을 가지고 중동으로 돌아가 선교 활동을 펼치게 되었다.

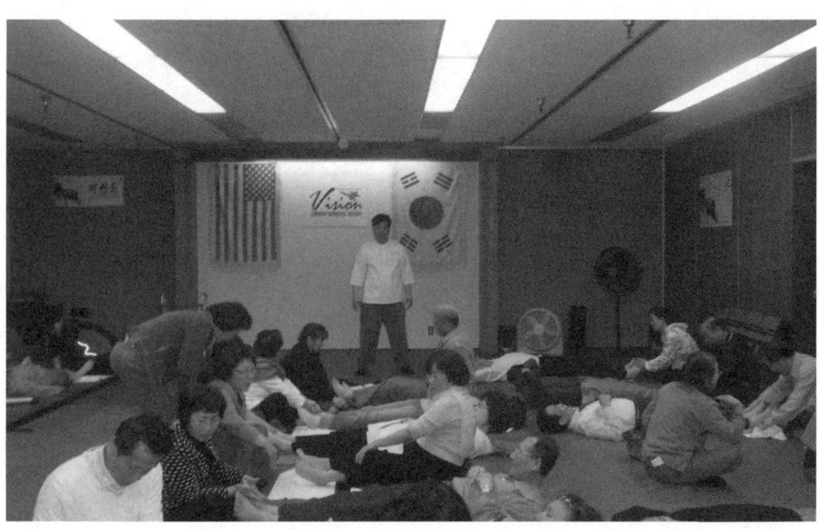

미주성산교회는 "전 교인의 발혈치유 선교사화"를 선언하며 발사랑 봉사를 LA에서의 선교 활동의 중심으로 삼았다.

　　발사랑 전도법은 이렇게 세계로 뻗어 나가 미국과 멕시코에도 소개되었다. 방동섭 목사님이 계신 미주성산교회와 베다니 교회, 정일권 선교사님이 계신 멕시코 엔사나다 한인교회 및 현지 교회에서 발사랑 관계전도법을 가르치게 되었다. 발사랑 봉사단원인 딸아이가 이미 4년 전에 미주성산교회에서 발마사지 봉사를 실천했던 터라 많은 한인 교포들이 발혈치유에 관심을 갖고 있었다. 미주성산교회 방동섭 목사님은 "전 교인의 발혈치유 선교사화"를 선언하며 발사랑 봉사를 LA에서의 선교 활동의 중심으로 삼았다. 미주성산교회 조상윤 장로님께서는 "발을 만지는 사랑 실천이야말로 진정 예수님께서 원하시는

발마사지를 받으며 좋아하는 멕시코 어린이들

전도법이고, 하나님이 추천하신 전도법인 것 같습니다.”라고 말씀하셨다.

　민음의 물결이 조금 잦아든 미국에서의 전도는 사실상 매우 어렵다. 하지만 모세에게는 지팡이라는 도구로, 다윗에게는 물맷돌이라는 도구로 역사를 이루신 것처럼, 발사랑 봉사단원이 된 미국 선교사들에게 쓰이는 작은 나무 봉이 하나님의 역사를 이루는 도구가 되길 간절히 바란다.

전도하는 기쁨

국민일보에서 주최하고 작은교회살리기 운동본부에서 주관한 제직 세미나에 초대받아 완도에 있는 예닮교회에 가게 되었다. 서부 순복음교회에서 발사랑 관계전도법을 교육할 때 참석했던 예닮교회 사모님께서는 지난 9년간 목회를 하며 하나님의 은혜를 많이 체험했지만 그 오랜 세월 동안 3명의 성도밖에 전도하지 못했다고 하셨다. 2010년이 그곳에서 목회를 한 지 딱 10년 되는 해인데, 올해까지만 사역을 하고 이제 목회를 그만둬야겠다고 생각했다.

그러던 차에 발사랑 관계전도법을 배우게 되었는데, 발을 만지는 순간 눈에서 눈물이 하염없이 흘렀다. "이렇게 쉬운 전도법이 있는데 왜 그동안 다른 방법을 찾으며 헤매었는지… 전대박 전도사님 말씀대로 전도는 하나님이 하시고 우리는 그저 남들이 마다하는 낮은 자리에서 주님의 사랑을 실천하기만 하면 되는데… 그걸 모르고 사역을 포기할 생각을 했네요."

목회를 그만두고자 한 시점에 깨달음을 주신 것은 주님의 사랑에 회개의 영이 임했기 때문이라 여겼다. 그 후 사모님은 지역의 노인정을 돌며 발사랑 봉사를 실천하셨고, 얼마 전에는 그렇게 전도해도 교회에 나오지 않던 형님네 식구들을 전도했다고 한다. 3개월 만에 얻은 8명의 새 신자들을 볼 때마다 그렇게 기쁠 수가 없다고 하셨다. 사모님은 지금도 매주 노인정을 돌며 발사랑을 실천하고 계시는데, 얼마 전 완도 순복음교회 사모님의 요청으로 발사랑 관계전도법 교육을 하기로 하셨단다. 발사랑 전도법이 그 교회에도 전해져 그간 느끼지 못했던 전도의 기쁨에 충만하길 바란다.

교회와 성도의 영적 부흥을 꿈꾸며

남의 발을 만진다는 것이 처음엔 썩 내키지 않았습니다. 발마사지에 대한 퇴폐적인 선입견도 신경 쓰였습니다. 비록 사업에 실패하긴 했어도 젊은 나이에 사장 자리에 앉아 직원들을 거느리고 살아온 터라 체면이 깎이는 것 같기도 했습니다.

그러나 "순종이 제사보다 낫고, 듣는 것이 숫양의 기름부음보다 낫다."삼상15:22-23는 하나님 말씀을 따르기로 마음먹고 발마사지 봉사를 권하는 담임 목사님의 말씀에 순종했습니다. 덕분에 지난 8년간 발사랑 관계전도법을 널리 전파하며 하나님의 일꾼으로 크게 쓰임받을 수 있었습니다.

제자들의 발을 씻긴 예수님을 흉내내어 지역 주민들에게 봉사하면서 참으로 많은 걸 느꼈습니다. 발을 만짐으로써 주님의 사랑이 봉사자는 물론 전도 대상자의 마음속에 고스란히 전해지는 걸 느꼈고, 놀라운 치유의 은사를 숱하게 경험했습니다. 성령이 함께하심을 느끼며 교회와 성도의 영적 부흥을 꿈꾸었습니다.

주님께서는 우리의 죄를 대속하기 위해 십자가에 달려 돌아가셨습니다. 주님의 사랑이 더 많은 사람들에게 전해지길 바라며 전 세계 크리스천이 발사랑 봉사를 실천하는 그 날까지 쉬지 않고 쭉 달려갈 것입니다.

발혈치유협회 고문으로 수고해 주시는 인천 순복음교회 최성규 목사님, 새중앙교회 박중식 목사님, 연세대학교 외래교수이신 황수관 박사님, 청소년들의 대부이신 강지원 변호사님, 주안 중앙교회 박응순 목사님, 대한신학대학원대학교 이종전 교수님, 4천여 개척교회 목사님의 공동체인 〈나눔과 기쁨〉의 상임대표 서경석 목사님, 제자교회 유충국 목사님, 현대대체의학학회 회장이신 서용호 박사님, 그리고 부족한 글이지만 도전할 수 있도록 힘을 주신 상상나무 김원중 대표님께 감사드립니다. 아울러 부족한 글을 읽어주신 독자 여러분께도 감사드립니다. 이 책을 통해 예수님의 사랑과 낮아지심을 느껴 보시기 바랍니다.

전대박

부록
APPENDIX

발사랑 봉사단 연혁

발마사지 업종정보

발마사지 프로그램

발마사지업소 운영실태 및 창업정보

#1
발사랑 봉사단 연혁

- 2003년 6월~2007년 1월: 인천광역시 서구 가정동 일대 독거노인 및 저소득층 어르신 발마사지 봉사(23,000명)

- 2007년 5월 3일: 인천 남동구청 〈가정의 달 어르신 효도 봉사〉에서 발마사지 봉사(300명)

- 2007년 5월 8일: 제1회 〈어르신 건강 EXPO〉에서 발마사지 봉사(200명)

- 2007년 9월 : 인천 남구 주안5동 차상위계층 〈추석맞이 사랑의 쌀 나누기〉 지원(50가정)

- 2008년 3월~2010년 4월: 전국 요양보호사 교육원 발사랑 자원봉사단 무료교육(3,000명)

- 2008년 5월 5일: 부평 〈어린이 축제한마당〉 어르신 발마사지 봉사(200명)

- 2008년 5월 8일: 제2회 〈어르신 건강 EXPO〉 어르신 발마사지 봉사(200명)

- 2008년 10월 11~12일: 대우자동차 〈사랑의 발마사지 봉사〉에 참가(500명 봉사)

- 2008년 10월 18일: 〈효 박람회〉 어르신 발마사지 봉사(300명)

- 2008년 10월 29일: 노인 취업박람회에서 사랑의 발마사지 봉사(300명)

- 2009년 2월 25일: 봉천노인대학에서 어르신 발마사지 봉사(100명)

- 2009년 3월~현재: 성산종합사회복지관에서 어르신 발마사지 봉사(연 360명)

● 2009년 4월 18일: 계양구청 〈자원봉사의 날〉 어르신 발마사지 봉사(500명)

● 2009년 4월~2010년 5월: 인천 글로리병원 환우들을 위한 사랑의 발마사지 봉사(연인원 1,000명)

● 2009년 5월 5일: 제4회 〈어린이 축제한마당〉에서 어르신 발마사지 봉사(200명)

● 2009년 5월 8일: 제3회 〈어르신 건강 EXPO〉 어르신 발마사지 봉사(200명)

● 2009년 5월 24일: 〈행복나눔민생복지축전〉에서 사랑의 발마사지 봉사(300명)

● 2009년 6월~2010년 3월: 인천 햇살노인병원 환우들을 위한 사랑의 발마사지 봉사 (연인원 360명)

● 2009년 6월 17일: 〈토탈 자원 봉사의 날〉에 사랑의 발마사지 봉사(100명)

● 2009년 10월 10~13일 : 인천 〈효 박람회〉 무료 발마사지 봉사(400명)

● 2009년 12월~2010년 6월: 부산 〈천사(1004명) 발사랑 봉사단〉 무료교육 (800명)

● 2009년 12월 15일~18일: 중남부아프리카 선교사대회 발혈치유 무료교육(선교사 100명)

● 2009년 12월 20일: 남아프리카 현지인 사랑의 발마사지 봉사(60명)

● 2010년 1월~현재: 노아요양원 사랑의 발마사지 봉사 (연 360명)

● 2010년 4월 1~11일: 미주지역과 멕시코에서 〈한인 발사랑 봉사단〉 무료교육

(100명)

- 2003년 12월~현재: 발사랑 봉사단 무료교육 (380회/15,000여 명 교육)

- 2006년 6월~현재: 사랑의 뜰안을 통한 지역 어르신 무료 발마사지 봉사(연

  1,200명)

※발사랑 봉사단 수상 내역

- 2006년 12월 최우수 나누미상 – 사단법인 나눔과기쁨

- 2008년 12월 전도대상 – 한국부흥사협의회

- 2009년 12월 표창장 – 성산종합사회복지관

- 2009년 12월 감사장 –글로리병원장

- 2009년 12월 감사패 – 중남부 한인선교회

1. 전대박 전도사의 가족은 아내와 자녀들까지 모두 발혈치유사 자격증을 취득해 발사랑 봉사에 힘쓰고 있다.
2. 광주 새순교회 발사랑 봉사단 교육
3. 광주 유일교회 발혈치유사 자격취득 과정에 참가한 성도들
4. 국제평생교육원 발혈치유사 자격연수 과정
5. 근린공원 야외 발마사지 봉사

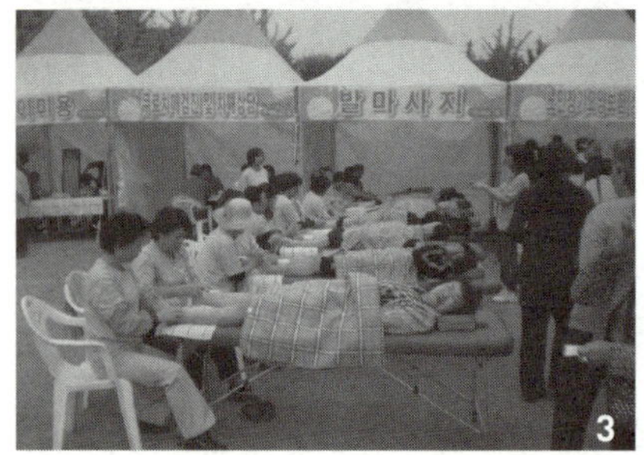

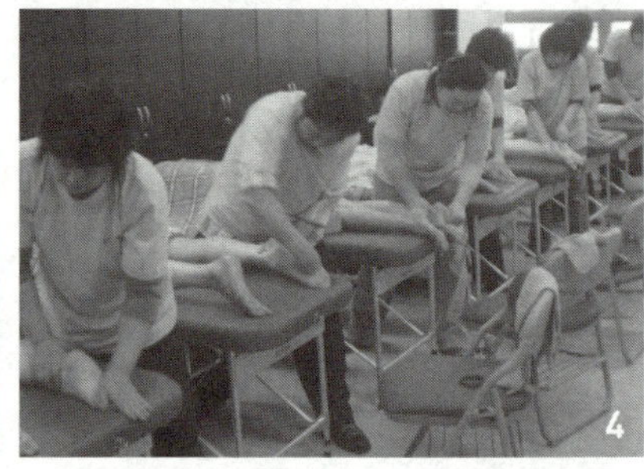

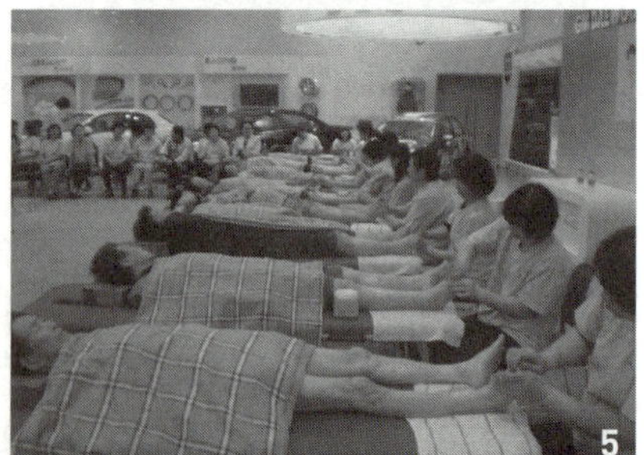

1. 기아자동차 신우회 발사랑 봉사단 교육

2. 〈나눔과 기쁨〉 인천 창립대회

3. 노인취업박람회 발마사지 봉사

4. 노인의 날, 어르신들에게 발마사지 봉사를
   해드리는 모습

5. 대우자동차가 후원한 〈사랑의 발마사지 봉사〉

6. 무등 벧엘교회에서의 발사랑 봉사단 교육

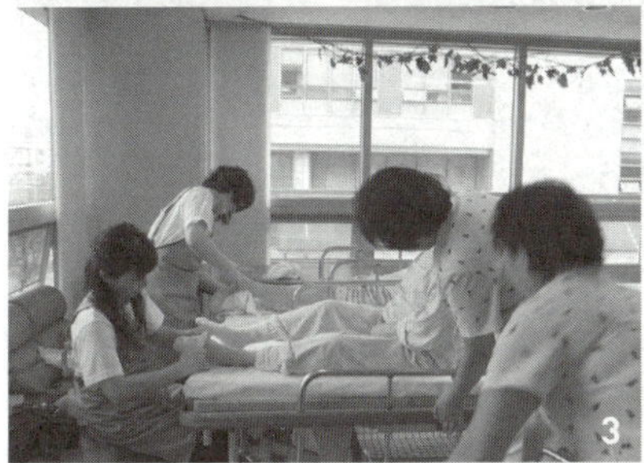

1. 부산 부전교회에서의 발사랑 봉사단 교육

2. 교회 일각에 자리한 사랑의 뜰안은 지역 주
   민들에게 늘 열려 있다.

3. 서부노인전문병원의 환자들을 대상으로 한
   발사랑 봉사

4. 서울 순복음교회의 발사랑 봉사단 교육

5. 수원 화산교회에서의 발사랑 봉사단 교육

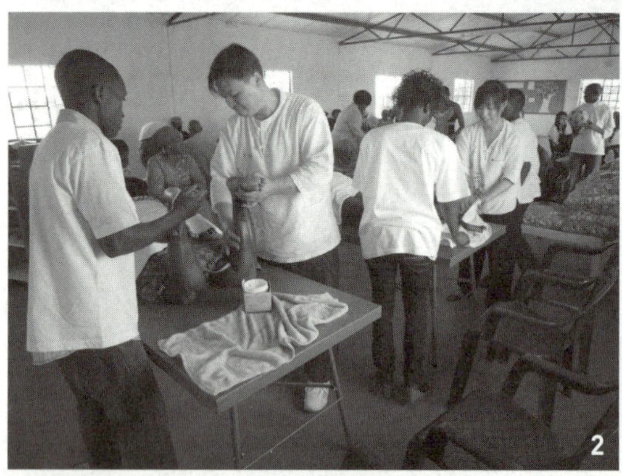

1. 아름다운교회 발사랑 봉사단
2. 남아공에서 현지인들을 대상으로 한 발
   사랑 봉사 교육
3. 발사랑 봉사 후 어르신들과 함께한 전대
   박 전도사
4. 완도 서부순복음교회 발혈치유사 자격
   취득 과정을 수강한 성도들

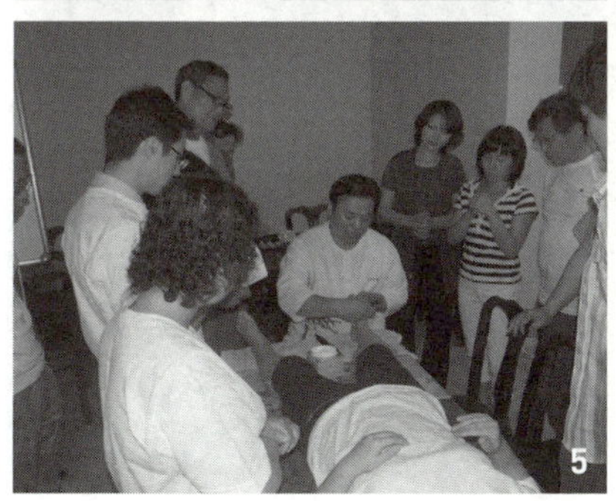

1. 인천 순복음교회 발사랑 봉사단

2. 일산 산성교회에서 열린 발사랑 봉사 간증 집회

3. 제자교회 발사랑 봉사단 교육

4. 진주 신일교회에서 발혈치유 강의를 하는 전대박 전도사

5. 천안 성실교회에서 발마사지 시범을 보이는 전대박 전도사

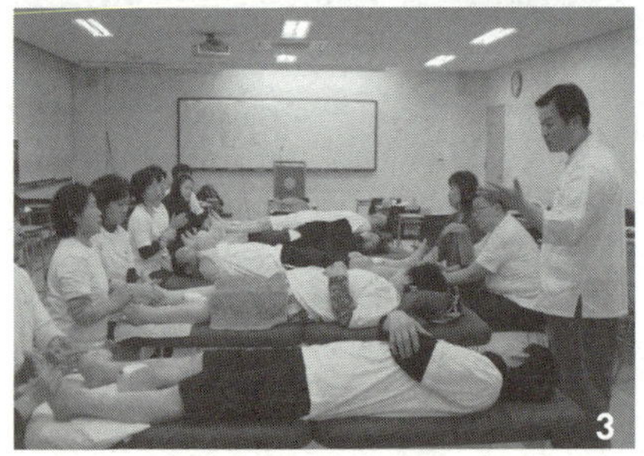

1. 천안 침례교회에서 발사랑 봉사단과 함께
2. 발사랑 봉사를 받은 어르신들을 모시고 청와
   대 구경을 시켜드렸다.
3. 총신대학교에서 발혈치유사 지도자 과정을
   강의하는 전대박 전도사
4. 충신장로교회에서 발혈치유 강의를 하는 전
   대박 전도사
5. 한민교회 〈사랑의 뜰안〉 오픈 기념식
6. 한인선교사대회 발혈치유 자격취득 과정에
   참가한 선교사들

#2
발마사지 업종정보

○ 발마사지 업태 개요

발마사지 사업은 업종 분류상으로 기타서비스업 중 미용업에 속하는 전문 서비스업이다. 우리의 신체 부위 중 발의 건강과 미용을 책임지는 업종으로 피부관리학에서 파생된 틈새사업이라고 볼 수 있다.

 발마사지는 단순히 발을 예쁘게 가꾸기 위한 미용만의 개념이 아니라 발의 위생과 건강, 미관적 결함을 보완하는 것을 목표로 한다. 미적 결함을 보완하기 위한 페디큐어(pedicure)와 발마사지, 발의 위생과 건강·기능을 보호하기 위한 발 반사요법, 오소틱(orthotic), 교정판, 패드, 패치, 신발, 운동 등에 관련된 서비스를 모두 포함하며 동양의학에 피부미용을 접목한 체계적인 이론에 따라 발을 관리한다. 예를 들어 무좀, 습진, 부은 발, 갈라진 발, 티눈 등의 경우 약물과 병행해 지속적으로 관리하고, 발마사지를 통해 혈액순환을 원활히 함으로써 신체의 기능을 정상화시키며, 긴장 해소와 피로 회복, 스트레스 완화 및 신경 기능 증진을 꾀하는 것은 물론, 심장과 소화기 계통, 생식선 등의 장기와 기관이 건강하게 유지되도록 한다.

○ 발마사지 사업의 국내외 현황

건강에 대한 관심이 늘면서 헬스클럽, 피부관리실 등 각종 건강·의료 업체들이 생겨났지만, 늘 양말이나 신발 속에 숨겨져 온 발은 그동안 푸대접을 받아왔다. 그러나 발은 제2의 심장이라고 불릴 만큼 중요한 신체 부위 중 하나로, 건강과 밀접한 관련을 맺고 있다.

현대에 접어들어 세계 여러 나라에서 발 건강에 관한 연구가 활발해지면서 독일 등 유럽에서는 전문 발마사지사와 발 클리닉이 발달하게 되었다.

우리나라에는 1984년부터 일부 일간지들이 일본과 미국의 잡지에 실린 발 건강학을 간헐적으로 소개하면서 처음으로 관심을 갖게 되었다. 이후 1987년에 약석건강법이 우리나라에 유입되어 발 건강관리법의 주류를 이루는 가운데 미국, 일본, 중국 등에서 출간된 관련 서적들이 꾸준히 번역, 출판되면서 세간의 상당한 관심과 주목을 받아 왔다. 우리나라와 비슷한 시기에 발 건강관리법을 받아들인 일본은 이를 대중화시켜 이미 수백 만의 동호인을 확보하고 있다.

최근 들어 국내에서도 발마사지에 대한 인식이 고조되면서 발 반사학회에서는 선진국의 전문가를 초빙해 매년 학술세미나와 전문교육을 실시하고 있다. 이런 기대에 부응해 발마사지협회 등 여러 단체들이 생기면서 발 건강 동호인들이 늘고 있다. 또한 대학의 미용전문학과에서도 발마사지를 학문적 교과과정으로 도입하고 있다.

발마사지를 수행하는 발혈치유사는 고도의 전문 지식을 요하는 직종은 아니므로 비교적 짧은 시간에 적은 비용으로 교육받을 수 있다. 교육 후에는 피부관리실이나 미용실, 발마사지 전문점, 스포츠마사지 전문센터, 단식원, 재활원, 요양병원 등에 취업이 가능하며, 경력이 쌓인 후에는 각 가정을 방문하는 요양보호사로 일할 수도 있다. 요양보호 대상자들은 대개 거동이 불편해 운동 부족과 혈액순환 장애, 불면증으로 고생하는 경우가 많은데 전문 발마사지 교육을 받은 요양보호사들이 발을 만져주면 몸 상태가 호전되어 건강관리에 큰 도움이 된다.

○ 발마사지 업소의 전망

육식 위주의 식생활로 성인병이 많은데다 잠잘 때를 제외하곤 신발을 벗을 일이 거의 없는 서구인들의 경우, 발 건강에 일찍이 눈을 뜨면서 전문적인 발마사지사가 생겨났다. 미국과 유럽의 선진국에서는 이미 미용실에 버금갈 정도로 발마사지 업소가 보편화되어 있다. 원래 발마사지업은 국민 총생산이 1만 달러는 넘어야 생기는 업종이라 우리나라에서도 경제 성장이 어느 정도 이루어진 후에야 등장할 수 있었는데, 〈사랑의 전화〉 복지재단에서 취업정보대학장을 맡고 있는 김수자 씨가 1994년에 국내에 처음으로 발마사지를 도입했다.

우리나라 사람들의 생활수준이 높아지면서 건강과 미용에 대한 관심이 고조되고 있어 발마사지숍의 미래를 밝게 하고 있다. 발마사지 업소를 발을 깨끗하게 해주는 발미용실 정도로 생각하는 이들도 있지만, 사실 그보다는 마사지나 지압 같은 발 반사요법을 통해 성인병을 예방하고 건강관리를 하는 데 주안점을 두고 있다. 발을 많이 노출시키는 여름철이나 발뒤꿈치가 트고 각질이 일어나기 쉬운 겨울철에도 세심한 발 관리가 필요하므로 꾸준한 고객 확보는 이루어지리라 본다. 또한 고가의 장비도 필요 없으므로 소자본으로 사업을 하려는 사람들에게는 안정적인 업종이라 할 수 있다. 발마사지사는 해외에서의 취업도 용이하므로 이민을 준비하는 사람들이나 유학생의 아르바이트로도 손색이 없다.

○ 주요 서비스

발은 신체의 건강을 좌우하는 지표이자 제2의 심장이며 전신의 축도라 할 수 있다. 발에 있는 수많은 혈관과 신경 조직은 인체의 각 부위와 연결되어 있어 몸 전체의 건강 상태를 반영하고, 발의 반사구를 자극함으로써 건강 증진을 꾀할 수 있다. 발마사지 업소에서 제공하는 서비스는 크게 나누어 3가지로, 다음과 같다.

① Foot Sanitation(발 위생)

티눈, 못 박힌 발, 굳은살, 갈라진 뒤꿈치, 냄새나는 발, 열나는 발을 관리한다.

② Vein massage(정맥마사지)

심장에서 나온 혈액을 발끝에서 다시 심장 쪽으로 보내 주는 정맥마사지 기법으로 마사지 크림을 사용해 실시한다. 임산부와 당뇨환자에게 좋고, 붓는 발과 열나는 발에도 효과적이다.

③ Foot Reflex-Zone Therapy(발 반사요법)

발의 반사구를 자극해 인체의 특정한 장기나 기관, 분비선, 혹은 근육이 규칙적인 운동을 일으키게 하는 방법이다. 발가락 부위는 머리의 상응 부위로서 이 부분을 자극하면 건망증과 치매, 중풍 예방에 도움이 된다. 발바닥 자극은 어깨 결림, 발바닥의 족궁 부분 자극은 소화불량 · 당뇨 · 변비에 좋다. 또 발뒤꿈치를 자극하면 생리 불순과 생리통 개선에 좋고 전립선을 건강하게 한다. 주로 손의 관절로 자극하거나, 나무로 된 반사봉을 이용한다.

#3
발마사지 프로그램

① 상담하기

편안한 분위기에서 평소에 느끼는 발의 불편함이나 증상을 얘기하면 발 건강관리에 관한 친절한 설명을 들을 수 있다.

② 천연아로마 족욕

발마사지를 받기 전, 발 근육의 긴장을 풀어주고 깨끗한 발을 만든다. 천연아로마 족욕물 속엔 소독 성분이 있어서 발에 있는 세균도 없애준다.

③ 굳은살 제거

발 전용크림을 발라 각질을 부드럽게 제거한 후 살살 벗겨낸다. 그 다음 버퍼로 깔끔하게 정리한다.

④ 정맥 마사지

발에 모여 있는 혈액을 순환시키기 위해 발등과 발에서 무릎 위 10cm까지 꼼꼼히 마사지하면 발과 다리의 부기가 가신다.

⑤ 발 반사요법

발의 각 부분에는 우리 몸속의 장기에 해당하는 반사구가 있다. 그 부분을 뾰족한 봉으로 누르거나 문지르면 장기에 간접적인 자극을 줄 수 있어 건강에 좋다.

⑥ 습포

발마사지나 발 반사요법 과정에서 발랐던 크림을 제거하고 다리의 긴장감을 없애주는 단계로, 처음에는 수건이 약간 뜨겁지만 나중에는 편안해진다. 이때 다리 마사지도 병행한다.

⑦ 캐비아(Caviar) 에센스

비타민과 미네랄이 들어있어 혈액순환을 도와주는 캐비아 에센스를 발라주면 건조한 발이 촉촉해진다.

⑧ 몸에 좋은 차 혹은 물 마시기

발마사지를 받고난 후 마지막으로 차나 물을 한 잔 마셔서 몸속의 노폐물들이 소변으로 배출되게 한다.

발마사지 서비스 가격(업소에 따라 상이할 수 있음)

기본서비스 가격

구 분	20분	40분	60분	80분
1회	20,000원	30,000원	50,000원	80,000원
쿠폰 10회		200,000원 (회원권지급)	350,000원 (회원권지급)	500,000원 (회원권지급)

옵션가격

구 분	아로마 족탕	캐비아에센스	브라운 슈가	전문가 관리
가격	무료	10,000원	20,000원	50,000원

#4

발마사지 업소 운영실태 및 창업 정보

일반적으로 발은 지저분한 신체 부위로 터부시 되어 온 게 사실이다. 그러나 최근 들어 건강에 대한 관심이 전반적으로 증가하면서 발 건강의 중요성 또한 부각되고 있다.

1990년대 후반부터 우리나라에 보급된 발마사지숍은 발마사지 전문점이라는 이름을 내걸고 대부분 개인 독립사업체로 운영되어 왔다. 개인의 프라이버시 존중을 위해 실내가 방으로 구획되어 있어 다소 폐쇄적인 느낌을 주며, 인테리어 개념 없이 운영하는 곳이 대부분이었다.

그런데 얼마 전부터 발마사지숍의 대중화를 위해 인테리어를 개선하고 개방형이나 오픈형으로 실내를 꾸며 고급살롱 개념의 발마사지 프랜차이즈사업을 시도하고 있다. 마치 카페에 온 것 같은 착각이 들 만큼 화사하고 고급스러우면서도 아늑한 느낌을 주는 인테리어 컨셉으로 바뀌고 있고, 주 고객층도 과거 남성 위주에서 여성으로 바뀌고 있다. 아울러 선진국의 경우처럼 국내에서도 발마사지 관련 업종이 활성화되면서 고용이 지속적으로 증가하고 있다. 또한 발 건강용품, 미용용품, 액세서리, 건강구두, 교정화, 특수기능화 등의 생산이 늘고 있다.

발마사지숍을 창업하려면 자본도 중요하지만 우선 발마사지사 전문교육을 수료한 후 자격증을 취득해 창업하는 것이 바람직하다. 흔히 소자본으로 시작할 수 있는 업종에 진출할 경우 철저한 준비 없이 뛰어들었다가 어려움에 직면하거나 사업에 실패할 수도 있다. 따라서 철저한 준비와 함께 기존 영업자들로부터 현장 정보를 수집해 대비하는 것이 좋다. 다음은 발마사지숍을 프랜차이즈 가맹점으로 창업하기 위한 절차이다.

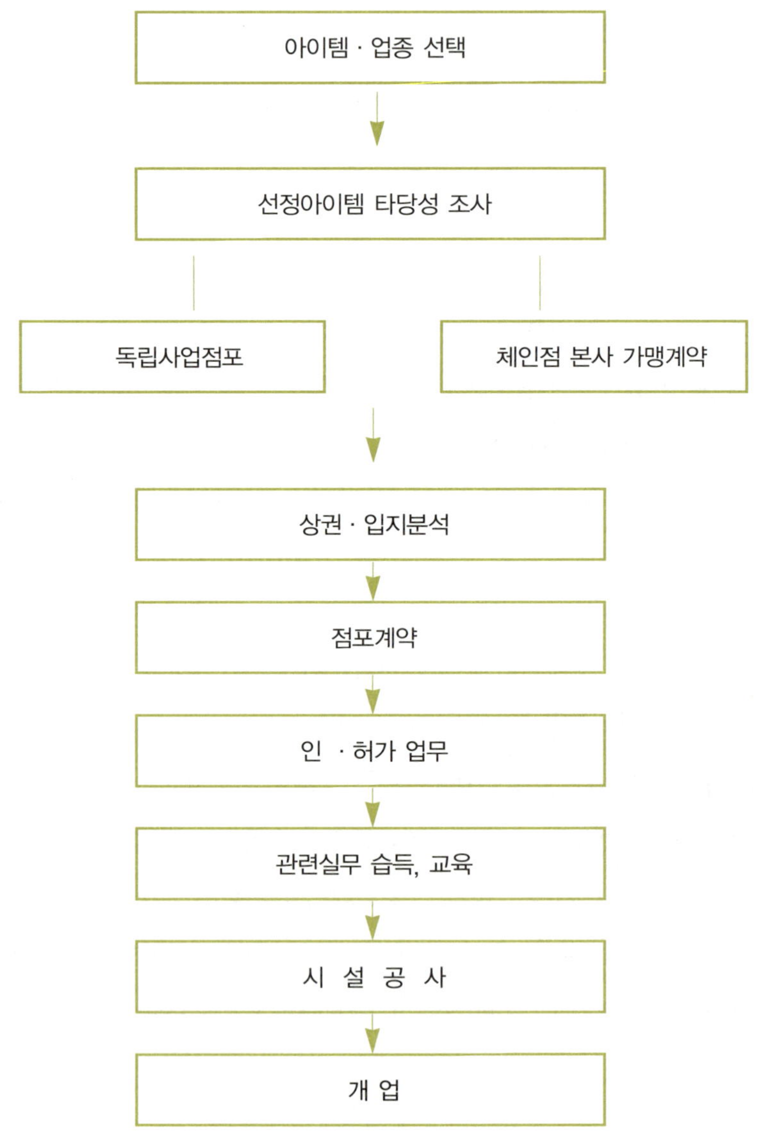

"발마사지 전도왕" 간증수기 공모

『발사랑 전도의 기적』 출판기념 이벤트의 일환으로, 발혈치유사 교육 후 발마사지를 통해 전도한 사례가 담긴 간증수기를 모집합니다. 심사위원의 엄정한 심사를 거쳐 당선된 50명에게는 상패과 함께 상품을 드립니다.

- 접수기간 : 2010년 10월1일~2011년 9월30일
- 응모방법 : 발혈치유협회 **카페(http://cafe.daum.net/junsa83)**의 〈발사랑 전도이벤트〉 코너에 간증수기 올림
- 시상내역 :

①전도왕 대상(3명)

상패와 노트북 및 마사지 크림 1박스(100만원 상당)

②전도왕 최우수상(5명)

상패와 마사지 크림 1박스(100만원 상당)

③전도왕 우수상(10명)

상장과 마사지 크림 20개 (50만원 상당)

④전도왕 장려상(15명)

상장과 마사지 크림 10개 (25만원 상당)

⑤전도왕 가작(17명)

상장과 마사지 크림 4개 (10만원 상당)

※카페에 등록된 간증수기에 한하여 평가하며 접수기간 내 한 사람이 여러 편의 간증수기를 올릴 경우 유리하게 평가됨

상상파크

강원 **산야초**

변비, 우습게 봤다간 큰코다쳐
굵고 시원한 쾌변으로 "대장암 비켜!!"

쾌변은 건강의 청신호이자 몸짱 되는 비결
강원 **산야초** 로 내 몸이 행복하다!

제품명: 강원 산야초   내용량: 4g±5% × 40포
원산지: 국내산 100%
음용법: 구입 후 10일은 아침저녁으로 1포씩, 11째부터
        는 아침에 1포씩 드시면 됩니다.
제조원: (주)산들해
공급원: 상상파크

특히 이런 분들께 권합니다
· 만성변비로 늘 아랫배가 묵직한 분
· 대장질환 예방과 건강관리에 관심 있는 분
· 소화가 잘 안 되고 속이 더부룩한 분
· 기력이 떨어져 생활에 활력을 잃은 분
· 몸매관리 · 다이어트에 관심 있는 분

강원 **산야초** 는 아래와 같은
유기영양소 8가지가 듬뿍 들어있습니다.

1. **민들레** 섬유질이 많아 변비 예방에 좋고 항균 · 항염 작용이 뛰어나 위를 튼
   튼히 한다.
2. **상황버섯** 각종 영양소가 응축되어 있으며 면역력 강화에 특히 좋다.
3. **질경이** 무기질, 단백질, 비타민, 당분이 풍부해 만병통치약으로 쓰인다.
4. **뽕잎** 섬유질이 풍부하고 쉽게 포만감을 느낄 수 있어 다이어트에 좋다.
5. **미나리** 해독작용이 뛰어나 꾸준히 즙을 내 먹으면 간 건강에 좋다.
6. **쑥** 자궁을 따뜻하고 생기 있게 해 여성에게 특히 좋다. 또한 소화작용을 원활
   하게 한다.
7. **양배추** 섬유질이 풍부하고, 비타민U가 위장질환을 개선하는 데 도움을 준다.
8. **곤드레** 거친 섬유소가 많아 변비 예방과 다이어트에 좋고 이뇨 · 해독 · 소염
   작용을 한다.

매끼 식사로 섭취하기 힘든 각종 유기영양소와 유산균
강원 **산야초** 로 언제 어디서든 간편하게 드세요!

NAVER 상상파크 검색   상담문의 **1588-1681**